プロの時間術

大人の時間割を使えば、仕事が3倍速くなる！

上阪徹

方丈社

はじめに――本を毎月1冊書いているって……？

毎月、本を一冊書いている、と言うと、決まって驚かれます。いったいどうやっているのか、と尋ねられることもある一方、休んでないんじゃないか、相当無理をしているんじゃないか、と思われる方もおられるようです。

しかし、私は基本的に土曜日、日曜日は仕事をしません。家族は温泉が好きなので、毎月のように温泉にも行っています。子どもの休みに合わせて、海外へ旅行にも出かけます。お正月もお盆も、兵庫県の故郷に帰省します。趣味のひとつが音楽なのですが、数年前からは何十年ぶりかでバンドも始めました。練習にライブに、なかなか忙しいものがあります。

もとより、仕事は本だけではありません。月刊誌にインタビュー連載を持っていますし、雑誌の特集やウェブサイトで記事を書くことも少なくありません。書籍に必要なものも含め、毎月かなりの量の取材も行っています。

実際、この本を書いていた月には、アメリカ・シリコンバレーで取材が入っていました。

だいたい毎年、海外出張も入ってきます。海外出張が入る月でも、毎月1冊の本のペースは変わりません。

また、地方取材もあります。たまたまこの月には、故郷の地場産業を取材するというウェブサイトの企画で、実家に宿泊して故郷で取材するという珍しい経験になりました。月曜から取材が始まったので、せっかくだからと土曜から帰省しました。

他にも、講演も毎月のようにありますし、セミナーに呼ばれることもあります。トークショーに出たり、モデレーターを務めたりすることもあります。

もちろん友人、知人と飲みに行ったりもします。取材させていただいた大学の先生や、出版社の社長から食事に誘われて、いろんなコミュニケーションを交わすこともよくあります。

ちなみに、月に1冊本を書いていると書きましたが、私はビジネス領域の本を中心に、こうして自分の本を書かせていただく一方、ブックライターとしても本を書いているのです。

ブックライターとは、本の著者に代わって本を書く仕事です。多くのケースで10時間ほどインタビューをさせてもらい、その話をもとに本の原稿を書き起こします。勝手に創作するわけではありません。コンテンツはあくまで、取材で話をされた著者のもの。それを著者の代わりにプロの書き手として書かせていただいています。実際には、多くのビジネス書や実用書が、こうした形でブックライターが関わって世に出ています。

ところが、これが意外に知られていない。著者なのに書いていないとは何事だ、と考える人もいるようです。

しかしもし、ブックライターがいなかったら、著者は自分で本を書かなければなりません。ご想像いただけると思いますが、本を1冊書くというのは、やったことのない方にはかなり大変な作業です。それを、別に仕事を持ちながら書いていく、などということになると、本当に大変だと思います。それこそ、だったら本なんて出さない、ということになりかねない。

実際、私はそのほうがいいと思います。本を書く時間に使うなら、本業でもっともっと力を発揮いただいたほうがいい。そのほうが社会のためだと思うからです。

そんなことをするのではなく、コンテンツだけを提供いただき、あとはプロの書き手に任せてもらったほうが、時間としてもよほど生産的なのです。

私はよく言うのですが、本の表紙を自分でデザインする人はまずいません。デザイナーに任せたほうが早いし、クオリティも高いから。本の原稿も同じです。プロのブックライターに委ねたほうが早いし、読者に伝わりやすいものができると思うのです。

かつてこの仕事は「ゴーストライター」と呼ばれていました。しかし、本来のゴーストライターは、小説家に代わって創作するなど、文字通り「あるべきではない仕事」でした。しかし、私が手がけているのは、そういう仕事ではありません。創作ではないのです。あくまで著者のコンテンツを世に送り出すお手伝いです。

その意味で、この呼び名は正しくない、と「ブックライター」という職業名を作り、それを名乗らせてもらっています。今では出版業界にも、少しずつ浸透しています。

月に1冊本を書き、それ以外にもいろんな仕事をしているので、忙しい日々を過ごしていることには間違いないと思います。こんなにたくさん仕事をしているライターは見たことがない、と大手出版社の編集者に言われたこともあります。

でも、週末になると昼間からビールを飲んでいる姿を、フェイスブックなどでよく投稿したりしているからでしょうか、なんとも軽やかに楽しそうに生きているように見えるようです（実は投稿はわざとやっているのですが。ライターという職業はものすごく大変なように思っている人が多いからです）。

私自身、毎日のように締め切りはありますが、とても充実した日々を送っていますし、とても満足しています。

いったい、どのようにして膨大な量の仕事をこなしているのか。どんなふうにして時間を使っているのか。どんなふうに過ごしているのか。ぜひ教えてほしいというご依頼を受け、生まれたのが本書です。

実のところ特別なテクニックがそれほどたくさんあるわけではない、と私自身は思っています。ただ、「時間に対する考え方」というのは、もしかすると一般の人とはちょっと違うかもしれません。それが、私の時間術の核になっています。

これを知っていただくことで、時間の使い方が変わる。意識が変わる。私自身がそうでした。大事なことは、テクニックだけではなく、考え方なのです。

その意味で、ちょっと変わった時間術の本になっているかもしれません。日々を充実させたい、もっと時間を効率的に使いたいと考えている方に、少しでもお役に立つことができたなら幸いです。

プロの時間術　目次

第2章　「小分け」と「時間割」が仕事を変える

第3章　「自分を理解」しないと、時間はうまく使えない

第4章　時間の使い方の「やってはいけない」

第5章　「書く時間」を短くできると、時間ができる

第6章 「時間を自由に使える働き方」フリーランス

大人の時間割を使えば、仕事が3倍速くなる！　プロの時間術

第1章
必要なのは
テクニックの前の
「時間の哲学」

明日がある保証はない。刻一刻と寿命は減っている

「やりたいことをする時間がない。なんだか充実感がない」
「どうにも忙しい。仕事に追われて、なかなか余裕が持てない」
「もっと効率的に時間が使えないものか。もっとうまくやる方法があると思う」
たくさんの仕事に囲まれながら、私が意外にも軽やかな日常をＳＮＳで発信することも少なくないからか、そんな声をときどきいただくことがあります。いったい、どうやって時間をコントロールしているのか。どんな時間の使い方をしているのか。どんなふうに仕事をこなしているのか……。

それをテクニカルに語ることも、もちろん本書の目的のひとつであるのですが、その前にぜひ知っておいていただきたいことがあります。

それは、どうして時間を大切にしなければいけないのか、という「時間の哲学」です。

そんなことはわかっている、と思われるかもしれません。時間が大事だからこそ、時間の

使い方を上手にやりたいんじゃないか、と。

私もかつてはそう思っていました。しかし、取材を通じての学びが、その意識を大きく変えることになりました。私はまったくわかっていなかった、ということです。

これがわかって時間を大事にしようとするのと、わからないで時間を大事にしようとするのでは、きっとその実践は大きく変わるだろうな、と改めて思いました。

端的に言えば、時間の使い方に圧倒的に本気になる、ということです。

もう7年以上前になります。日本を代表する何人もの起業家から恩師と呼ばれている元大学学長と書籍の仕事をご一緒しました。ありがたいことに食事に誘われ、当時83歳だった彼と食事をしているとき、こんな問いかけをされました。

「上阪くん、君は新聞を読んでいるか」

突然の問いかけに驚きました。はい、と答えると彼は言いました。どこから読んでいるのか、と。1面からです、と言うと、自分は違う、と言われました。

「社会欄に死亡記事があるだろう。あそこから読むんだ。どこかで誰かが交通事故に遭って車にはねられて亡くなっている。あるいは空から鉄筋が降ってきて亡くなる人もいる。

殺人事件に巻き込まれる人もいるな」

なんの話が始まるのかと思いきや、彼はこう続けました。

「私は思うんだ。自分もいつなんどき、ここに名前が出るかわからない、と。車にはねられるかもしれないし、空から鉄筋が降ってくるかもしれない。こんなものは他人事だと思っている人は多い。でも、いったいその保証はどこにあるんだ？　みんな忘れているんだ。明日がある保証は本当はどこにもない、ということを」

だから、今日を一生懸命生きないといけない、と彼は言いました。明日、死んでしまうかもしれないと思ったら、誰だって今日を一生懸命、生きる。そういう気持ちを持っただけで、人生は変わるぞ。だから、あえて新聞の死亡記事を読むんだ、と。君はそのくらいの気持ちで毎日を生きているか、明日はないと思って今日を生きたか、と。

衝撃の経験でした。それを83歳の人に言われたことが、またショックでした。

みんな忘れているんだ。

明日がある保証なんて、本当はどこにもない、ということを

もう一人、こんな話をしてくれたのも、やはり70歳を超えたコンサルタントでした。

「人生時計というものがあるのを知っていますか。その時計のスイッチを入れると、平均寿命から逆算された時間が秒単位で表示されるんです」

日本人の平均寿命は男性81・09歳、女性87・26歳（平成29年）。30歳の人なら50年以上あるわけですが、実はその長さは関係ないといいます。そこに向かって今、いかに猛烈なスピードで迫っていくか、時計を見ているとわかるのだそうです。

「驚くほどあっという間に人生の時間は減っているんです。このことに気づくと意識は変わります。こんなにも人生の時間が急激に減っているのに、つまらないことで時間を使う

なんて、とんでもない、と。やらないといけないこと、やりたいことを計画立ててどんどんやっていかないと、あっという間に人生は終わってしまうんです」

成功者は「時間がない」とは言わない

著名な方々にインタビューをして原稿を作る、ということも大切な仕事のひとつになっている私は、これまで実に3000人以上の人たちにインタビューしてきました。そのほとんどの人たちが、いわゆる功成り名を上げた、いわゆる成功者です。経営者や起業家、タレントやスポーツ選手、科学者や作家、芸術家……。

「そういう人たちの共通項ってなんですか」

とはよく問われることで、講演などでも話をすることがあります。

例えば、意外に思われるかもしれませんが、圧倒的な謙虚さです。「やっぱり有名な人になると椅子にふんぞり返っているんでしょうか」といったイメージを持つ人が多いようですが、たくさんの有名人に会ってきた私の印象はまるで逆です。

むしろ、長く活躍し続けている人ほど謙虚でいい人、なのです。サービス精神旺盛で、こちらの求めていることを想像し、先回りして行動される。ふんぞり返っているなど、とんでもない。

中には例外がなかったわけではありませんが、ごくごく少数。しかも、そういう人たちのほとんどは、やがて表舞台から去っていきました。

また、見ている景色が大きい、というのも印象に残っていることです。目先の利益ではなく、もっと大きなものを見ている。大きな目指すべきものがある。志が大きい、と表現してもいいかもしれません。

それこそ、モノやサービスは売れたらうれしいわけですが、売ることはゴールではないのです。売ることで人々の生活が潤うこと。豊かになること。幸せになることがゴール。そんなイメージです。

それこそ上場会社の社長にインタビューするときは、撮影の合間に軽くちょこちょこっとよく聞く質問があります。

「どうやったら、社長になれますか」

直球の質問ですが、実にほとんどの社長が似たような答えを返します。それは、こういう返答です。

「社長になりたい、と思っていないこと」

社長になりたい人は、社長になることがゴール。そんな人を社長にしたら、会社はそこで止まってしまいます。そうではなくて、社長になって何をしたいか、会社をどうしたいか、がある人。そういう人をこそ、社長にしないといけない、と。


そして、そんな成功者の共通項に、間違いなくひとつあるのが時間の使い方のうまさです。

まず、振り返ってみて思うのは、「時間がない」という言葉をインタビューで聞いた記憶がないということです。むしろ逆で、みなさん猛烈に忙しいのに、しっかり勉強の時間を設けていたりする。

さらに、新しいことを積極的にやろうとしていたりする。今だけでも大変なはずなのに、そこにまた新しいことを加えていく。仕事でも、趣味でも。

ある経営者に言われたのは、「時間は作るものだ」という言葉でした。実際、そうなのだと思います。どんなに忙しくても時間は作ることができる。実際にそうやって、おそらく誰よりも忙しいであろう人たちが、時間を作っている。勉強や新しい取り組みをむしろどんどん推し進めているのです。

その方法論も後に語りますが、ここで理解をしておくべきは、**それだけ時間というものをシビアに捉えているということだと思っています。時間を大事にしている。もっといえば、時間を大事にする人と付き合っている。**

私はインタビューの冒頭で必ず繰り出す言葉があります。

「今日は貴重なお時間をいただいて、ありがとうございます」

この貴重さをちゃんとわかっています、というスタンスで取材するか、そうでないか。相手の印象はまるで変わると私は思っています。もちろん、取材中は一秒たりとも無駄にすることのないよう、次々に質問を繰り出していくことは、言うまでもありません。

相手の時間を奪っている、という意識はあるか

成功者のみなさんが時間を大事にしている、というのは、おそらく自分の時間だけではないと私は感じています。関わる人たちの時間も大事にする。だから、自分の時間も大事にできるのです。

人の時間を平気で奪うような人が、時間を大事にしている、などと言えるのかどうか。逆にいえば、自分の時間を大事にしたいのであれば、人の時間にまで気を配れるような意識が求められてくるということです。

実際、起業に成功してたくさんのグループ会社を率いている、ある起業家のスケジュールを見せてもらったことがあります。もう20年くらい前です。「分刻み」という言葉がありますが、まさにその印象でした。秘書が作ったスケジュール表には、5分刻みでびっしりと予定が記されていたのです。

こういう人に5分だけでももらうということが、いかに大変か。また、その人にとって

の5分というのが、いかに大切な時間であるか。そのときに改めて認識したのでした。私は1時間のインタビュー時間をもらっていましたので、それがいかにとんでもないことであるかも強く認識しました。

先に書いた「貴重な時間を〜」というのは、このときの経験によります。そういう人たちから時間をもらっているのだ、という覚悟が私にも必要だと思ったのでした。

そして、周囲で関わる人たちも、その人の時間の大切さを知っているのだと思います。だから、スケジュールが見事に回っていくのです。

相手にとっての時間を意識しているか。相手の時間を奪おうとしたりしていないか。相手の時間についての意識を知るのに、とてもわかりやすい方法がひとつあると私は思っています。相手からのメール、とりわけ仕事に関するメールが、どんなタイミングでやってくるか、ということです。

例えば、金曜の夕方というのは、週末を控えて多くの人にとって、とても慌ただしい時間帯になります。そこに、急ぎでもないのに何かを依頼するメールが送られてきたら、どうでしょうか。

実際、こういうことはよくあります。私も経験があります。どうしてこのタイミングで送ってくるのかなぁ、別に週明けのタイミングでもいいのになぁ、と思うわけです。相手がどんな状況にあるか、というところに想像力が働いていれば、こういうことはしないと思うのです。

同様に、月曜の午前中も忙しい。週明けで、バタバタしている人が多いと思います。そこにどうして、わざわざ、さらに慌ただしくするメールを送る必要があるのか。

自分は早く送りたいから、金曜の夕方や月曜の朝を選んだのかもしれませんが、相手への気遣いがあれば、それはしなかったはずです。相手の時間、という意識ができていなかったということです。

それでももし、金曜の夕方や月曜の朝にメールを送らないといけないとすれば、「忙しいタイミングで申し訳ありません」というニュアンスをちゃんと出しておくことです。そうすることで、相手は「わかっているけど、送らざるを得なかったんだな」ということがわかります。たったそれだけで、相手が受け取る印象はまるで変わると思います。

相手にとっての時間を意識しているか。相手の時間を奪おうとしたりしていないか

時間に強くなるには、時間を常に意識することから始めるべきだと私は思っています。時間の大切さを認識することもそう。相手に時間をもらうことの感謝もそう。相手の時間を奪ったり、相手の負荷を高めてしまわないよう気遣いすることもそう。

それこそ私は、プライベートなメールやメッセージは昼間の時間にはできるだけ送らないようにしています。なぜなら、昼間は仕事をしているからです。昼間送るなら、昼休みに送る。そうすれば、ホッと一息、ついているところで見てもらったらいい。

ＳＮＳの投稿も同様です。仕事の中断をしてまで読んでもらう必要のないものを、仕事中に送る必要はないのです。

そしてこちらの気遣いは、やがて巡り巡って、いつか自分に戻ってくると思っています。自分がされたくないことは、するべきではないのです。

普段が本番に出てしまう

「メールを送る時間まで気にして。そんな普段からピリピリやらなくても……」と思われた方もいらっしゃるかもしれません。たしかにそういう考え方もあるのかもしれませんが、私は普段こそが実はすべてだと思っています。

ここぞという大事なときだけ、ちゃんとやればいい、と考えている人は少なくありませんが、そうはいかないのです。普段は、いざという本番に必ず出てしまうのです。

時間に対する考え方も同じ。普段から、いい加減な時間意識を持っていると、それは大事なときにも変えられない。相手からも、そういう認識で見られることになるのです。

これを痛烈に教わったのは、ある有名俳優へのインタビューでした。若くして将軍役を演じることになったとき、師匠にあたる大物俳優にこう言われたのだそうです。

「明日から安い居酒屋に行くな。超高級店に行け。スタッフをご馳走しろ。借金してでも、そうしろ」

言ってみれば、日頃から〝将軍〟になっていろ、という教えでした。彼は忠実にそれを守ることになります。そして将軍役の番組は、20年以上の長寿番組になり、彼は一流俳優の仲間入りをしました。

彼は言っていました。日常こそが本番に出てしまうのだ、と。どんなに取り繕っても、普段やっていることが必ず出てしまう。師匠の教えは正しかった。本当にいい教えだった、と。

これは俳優の世界だから、と思ってはいけないと私は思っています。ずいぶん前になりますが、日本経済新聞がこんなキャッチフレーズの広告を出したのを覚えています。

「ある日、日経は顔に出る。」

私はこれは本当にそうだと思っています。ちゃんと毎日、新聞を読んでいれば、そういう顔つきになる。知らず知らずのうちに、なっていくのです。

逆に、卑しいものばかりに目を向けていれば、卑しい顔つきになっていく。小さな習慣こそが、人を変えていくのです。

だから、大事になるのは、普段の日常です。どれだけそれを大事にできるか。どれだけ時間を意識できるか。相手の時間を気遣えるか。それはそのまま、自分の時間に跳ね返ってくるのです。

しかし、時間というのは、とてもありがたいものです。というのも、自分でコントロールすることができるからです。

そして、その前提は誰にとっても平等です。どんな成功者にも、どんなお金持ちにも、1日は24時間しかありません。24時間しかない、というのは、誰にとっても同じなのです。

なのに、どうして時間がある人と、ない人が出てくるのか。充実できる人と、そうでない人が出てくるのか。その理由こそ、日常にあります。

もしかして、電車に乗るやいなやスマートフォンの画面に夢中になり、なんとなく過ごしてはいないでしょうか。大して見る必要のないようなものを、ダラダラと見続けたりはしていないでしょうか。どうでもいいことに、大切な時間を使ってしまってはいないでしょうか。

時間がない、充実していない、と嘆く前に日頃の自分、日常の自分を問い直してみる必要がある、ということです。もっと時間をうまく使いたい、と思う前に、現実の自分としっかり向き合わないといけない。それをしっかりやらずに、いくらテクニカルなことを知っても、本質的な時間の使い方は変わらないと私は思っています。

それこそ表面的に時間はできるかもしれない。しかし、それで自分の人生は本当に充実するのかどうか。そこまでしっかり向き合い、考えるべきだと思うのです。

時間の使い方こそ、人生の使い方

3000人以上の人に取材をしている過程で、私はとても興味深いテーマを抱くようになりました。幸せな人と、そうでない人は何が違うのか、です。これは、私自身が20代に転職の失敗や会社の倒産など、手痛い失敗を繰り返していたことにも起因します。

そしてフリーランスになって早い段階で、とても重要なことに気づくことになりました。それは、絶対に幸せになれない人がいる、ということです。どういうことか。ロジックは、とてもシンプルです。

要するに、自分の幸せが定義できていない人は、絶対に幸せになれないのです。なぜなら、ゴールがないからです。それこそ、永遠に「なんとなく幸せ」をぼんやり追いかけているようなものです。

「どこかにいる青い鳥」や「隣の芝生」や「世の中の漠然とした幸せ感」のようなものを追いかけていると、いつまで経っても、どこまで行っても幸せになれないのです。つかみたい幸せがはっきりしていないからです。

一方で、こういうときが幸せ、こういうことが幸せ、という自分の幸せの定義がはっきりしている人は、端から見れば幸せに見えなくても、本人は十分に幸せだったりします。誰がなんと言おうと、自分は幸せ。だって、自分が決めた幸せの定義を実現できているからです。

だから、世間一般では明らかに大きな成功を手にしているのに、まったく幸せそうじゃない人がいます。大きなお金を手にしているのに、人のうらやむポジションを手にしているのに、かけがえのないものを持っているのに、幸せになれない人がいる。なぜなら、それを価値だと自分で決められていないから。その価値に気づいていないからです。

そしてこれは、時間も同じだと思うのです。

上手な時間の使い方をしたい。では、そのゴールは何でしょうか。どんなことをしたら、自分にとっては、上手な時間の使い方、なのでしょうか。

それが定義できていないままに、ただうまくなろうと思ったところで、うまくはなりません。仮にうまくなれたとしても、うまくなっていることに自分で気づくことはできないと思います。

時間についても、ある人にとっては、「これはうまいなぁ」「充実しているなぁ」と思えることが、ある人にとってはまったく納得いかないもの、ということが起こり得るのです。

では、上手な時間の使い方とは何か。結局のところ、それは人生をどう生きていきたいか、どんな人生を送りたいのか、ということだと私は思っています。というのも、時間の使い方こそが、人生の使い方そのものだからです。

時間をうまく使うために、人生まで考えないといけないのか、などと思わないでください。逆に、どういう人生を送りたいのか、が定まっていないと、自分が理想とする時間の使い方は見つけられないと思うのです。

難しく考える必要はありません。バリバリ働いて、忙しいスケジュールをこなすのが好きなのか。効率良く予定をこなして、ゆったりした時間を楽しみたいのか。勉強する時間がほしいのか、小説を読む時間がほしいのか。まずは、自分が心地良いと思う時間の使い方をイメージしてみることです。それこそが、ゴールです。

時間の使い方こそが、人生の使い方そのもの

ただし、間違ってもやってはいけないのは、ただ楽しいことだけ1日中していたい、という考え方です。中高生が四六時中、インスタにハマっているような日々を大人が送った

ら、おそらく仕事では極めて厳しい状況に追い込まれることになるでしょう。

端的にいえば、それでは自分自身を成長させられないからです。なぜ成長しないといけないのかは最終章で語りますが、**目指すべきは、自身を成長させながら、日々を充実させていくこと。それができる時間の使い方を目指すこと。実はそれは、最も大きな幸せに近づくひとつの方法だと私は思っています。**

そしてうまく時間を使うことを、自分の中でインセンティブづけすることです。今日もいい1日が送れた、と毎日言えることを目標にする（まさに私がこれをやっているのですが）。そう言えるためにも、「こうありたい」という理想の姿が必要なのです。

「はっきりしない状態」こそが大敵だと知る

そしてもうひとつ、時間というのは人を不快にし、不幸にもしかねないストレスと密接な関わりがある、ということも書いておきたいと思います。

人がストレスを感じる要因には、さまざまなものがありますが、そのひとつに「先行きがはっきりしない、ぼんやりしている」ことがあるのです。

例えば、やらなければいけないことがたくさんあるとき、それだけで押しつぶされそうなストレスを感じたことがある、という人は少なくないと思います。

しかし、その理由は明快です。やらなければいけないことが、はっきりと頭にイメージできていないからです。

やらなければいけないことは、これとこれとこれ、いついつまでにこんなふうにやればいい、とわかっていれば、「それなら大丈夫だ」ということがわかりますから実はストレスにはなりません。

ところが、それをぼんやりさせたままの状態にしておくと、**「どのくらいあるんだろう」「どうやればいいんだろう」「できるんだろうか」「うまくやれるのか」といった漠たる不安に襲われて、ストレスになるのです。**

この「ぼんやりしている」ことこそが、人にストレスを与える最大の要因です。だから、時間管理をするときには、「ぼんやりさせない」ことを強く意識したほうがいい。やらなければいけないことは、できるだけ具体的に洗い出して、「ぼんやりしている」状態をなくすことが大切なのです。「to do リスト」の効能もここにあります。

ただ、問題はこれが意外に面倒なことです。やらないといけないことを細かく洗い出していくのは、手間がかかるのです。それに時間もかかる（多少ですが）。

だから、面倒だなぁ、と手をつけなくなってしまう。そうすると、ぼんやりしたままですから、不安にさいなまれていく。これがストレスになる。

結局、ちょっとした手間を惜しんでしまうことによって、「ぼんやり」が解消されずに、ストレスも消えないということになるのです。

だから、大切なことは「やらなければいけないことをすべてはっきりさせることが大事だ」と肝に銘じておくことです。これを放置したままにしておくと、ストレスを生み出しかねない、ということをちゃんと認識しておく。

実際のところ、「ぼんやり」の解消が面倒くさくて大変だということをわかっているからこそ、究極の形でそれを行っている人たちがいるのだと私は感じています。企業の経営トップなどの壮絶に忙しい人たちです。彼らは、自分でスケジュールをコントロールしていません。時間管理を秘書に委ねてしまうのです。

どうしてかといえば、そのほうがラクだからです。秘書にスケジュールを委ねてしまうと、秘書が「やらなければいけないこと」を明確なスケジュールに落とし込んでくれます。ぼんやりした状態をなくすことができる。やるべきことも、しっかり洗い出してくれる。ただ、それをこなしていけばいいだけです。

しかし、ほとんどの人には秘書はいません。秘書がいないのであれば、自分でやるしかない。

ただ、逆にいえば、しっかりしたスケジュールを自分で作ることができれば、そのスケジュール自体が秘書のようなもの、だということにも気づけます。それに従って、淡々と過ごしていけばいい。

後に書きますが、私の時間管理ではスケジュールを作ることにちょっとした時間をかけます。時間をうまくひねり出したいのに、そのために時間を使うなんて本末転倒じゃないか、と思われるかもしれませんが、私は逆だと思っています。

時間管理にちゃんと時間をかけないから、時間もうまく使えないし、ぼんやりしたままのものをたくさん残してストレスにも襲われるのです。

たしかにスケジュールづくりには時間がかかりますが、組んでしまったら、あとは一心不乱にそれをやるだけ、です。そうすれば、やるべきことは終わっている。いわば、秘書に言われたことだけをやっているようなものですが、このほうが、圧倒的にラクなのです。

考えても仕方のないことに無駄な時間を使わない

ちなみに、「先行きがぼんやりしている」ことの最たるものが、将来に対する不安でしょう。これでストレスを感じてしまっている人も少なくないと聞きます。ああだこうだと考えてしまう。でも結論は出ない。でも、やっぱり不安……。

将来の不安に関しては、誰でも持っているものだと思います。私自身も、もちろんないわけではありません。

そこでこれはまさに私の役得であるわけですが、取材に行くとよく聞いていました。

「不安はないですか？」

それこそ芸能界のトップランナーの人から、官僚から作家になって大臣まで駆け上がった人まで、率直にこの質問をぶつけたことがあります。

返ってきた答えは、極めてシンプルでした。

「不安は消えない」

実はトップランナーの人たちでさえ、将来への不安を持っていたのです。いつレギュラーの仕事がなくなるかもしれない。いつ連載を失うかもしれない。

私が思ったのは、ここまで成功している人たちですら不安になっているのに、私ごときが不安にならないはずがない、でした。そして実際に「不安は消えない」と断言した人も少なくなかったのです。

逆にいえば、だから、彼らはそこでストレスを感じることはない。不安に感じることが当たり前だと思っているからです。

それこそ極めてシンプルな話なのかもしれません。明日のことは誰にもわからないのです。来週のこともわからないし、来月のこともわからない。1年後、3年後、ましてや10年後に何が起きているかなんて、誰にもわからないし、わかるはずがない。そんなことを、いくら気にしたところで、どうにもならないのです。

にもかかわらず、あれやこれや考えてストレスを感じ、心地良くない時間を過ごしてしまう。これこそ、まさに無駄な時間でしょう。考えても仕方のないことで時間を使ってしまっているのです。

考えても仕方のないことは考えない。そういうことで時間を使わない。もっといえば、そういう事態を引き起こすような余計な情報を耳に入れない、近づかないことも大切かもしれません。

かつて取材した人の中には、こんな人もいました。自分の未来の不幸を暗示するような情報には一切、触れない。例えば、厳しい老後をテーマにしたような番組などは見ない。そういう本も読まない。見たら、そうなってしまう気がするから、と。

裏付けはまったくありませんが、これもひとつの考え方だと思いました。実際、私も将来に関しては、ポジティブなイメージだけを持つようにしています。いいイメージを勝手に持ち続けるのは、私の自由なのです。

もし、何かでストレスを感じているときは、「ぼんやり」こそが大敵ですから、文字にしてみるのもいいと思います。ストレスを感じている原因を文字にして書き出してみると、案外すっきりするものです。なんだ、こんなことでくよくよしていたのか、と気づけたりする。

これもまた面倒なのですが、この「面倒をあえてやってみる」というところにポイントがあります。面倒でも、そのへんにある紙に書き出してみるといいのです。スマートフォンやパソコンのメモ機能でもいいですが、手書きで書いてみるのが、一番効果的なようです。どんなことでもいいので、浮かんだことをどんどん書いていく。

面倒をあえてやってみる。ぼんやり、を退治する

敵は「ぼんやり」なのです。大したことのないものが、「ぼんやり」によって増幅され、大きな悩みやストレスに変わっていることが多いのです。だから、「ぼんやり」を解消す

ることこそが大切です。内容的な点でも、時間的な点でも。

決めたことをやり抜いた達成感、そして自信

時間の使い方を考えていくとき、実は過ごした時間そのものの充実感の他に、もうひとつ大きな充実感が得られるものがあると私は感じています。実際、私はこの充実感をとても大切にしてきました。

何かと言えば、自分が作ったスケジュールをしっかりやり切る、ということです。やらなければいけないことを洗い出し、それをスケジュールで組んでいく。

私の場合、そこにちょっとずつ負荷をかけてきて今があるのですが、その負荷がかかったスケジュールをきっちりこなすことができたとき、とても大きな達成感があります。それが充実感をもたらすのです。

そして、自分自身で決めたことではあるとはいえ、しっかりできた、ということが自分

への自信ももたらしてくれる。決めたことをやり抜けた、というのは、やはりうれしいものです。その達成感は、自信にもつながると思うのです。

実は自分の行動こそが自分に跳ね返っている、という話を聞いたのも、取材でした。誰よりも自分のことをしっかり見ているのは、実は自分です。だから、自分がどんなことをしているのか、ということで、自分自身を評価することにもなるのです。

ちゃんと頑張って、目標なりスケジュールなりを達成できた、ということになれば、その自分をきちんと褒めてあげられる。それは間違いなく、自信を生み出すものになる。生きる充実感につなげられる。

一方で、逆もある、ということにも気づいておく必要があります。よく道路脇にゴミやタバコの吸い殻が捨てられていることがあります。かつて一戸建てに住んでいたときには、家の前に吸い殻や空き缶なども捨てられて、とても不愉快だった経験があります。

誰がどう考えてもマナー違反です。やってはいけないこと。でも、これをやってしまっている人がいるのですね。

もしかすると、夜、暗い夜道で「誰も見ていないし、いいや」と思ったのかもしれません。しかし、暗がりに誰もいなかったとしても、間違いなく見ている人がいるということを忘れてはなりません。そうです。自分です。自分は「正しくないこと」をしている自分をしっかり見ているのです。

これは、コミュニケーションにおいても同様です。友達の悪口を別の友人に懸命に語っている自分がいる。悪口を言われた友達は目の前にはいませんから、直接的に相手を傷つけるわけではない。

しかし、相手を結果的に傷つけることになることとは、悪口を言っている本人はわかっているわけです。わかっていて、やっている。正しくないことをしている。これが何をもたらすのかというと、自分を傷つけることになるのです。

インターネット上での行動も同じです。匿名だからわからないだろう、とばかりに罵詈雑言を繰り広げる人がいます。書籍のオンラインショップでも、本を評価するのではなく、個人を攻撃しただけのような、ひどいレビューが並ぶことがあります。

書いている人は、匿名だし、わからないし、憂さ晴らしのつもりかもしれません。しかし、正しくないことをやっていることは認識しているはずです。世間には匿名でも、自分には匿名ではないのです。自分がやっていることは、自分でわかっているのです。

ネット上での罵詈雑言を「天に唾をはいている」と取材で表現していた作家の人がいましたが、激しい非難の言葉は、そのまま自分に跳ね返ってくる危険があると私も感じています。誰あろう、そんな言葉を使っている自分に突きつけることになる。自分自身を傷つけ続けることになるのです。

誰も見ていない、なんてことはない。見ている自分は、「お前はこんなことをするヤツだ」「正しくないことをする人間だ」「こんなひどい言葉を人に投げかける人間だ」「ダメなヤツだ」と自分にどんどん刷り込んでいるようなものなのです。

世間には匿名でも、自分には匿名ではない

だから、正しいことをすべきだし、自分が充実できるようなことをすべきなのです。それはそのまま、自分に刷り込まれるから。

毎日、やるべきことを達成していくことは、毎日、いい自分をインプットしていくことに他なりません。その意味でも、時間管理というのは、人生を充実させる上で、極めて大事になるのです。大切な、時間の哲学だと私は考えています。

第2章
「小分け」と「時間割」が仕事を変える

ゴールから逆算して細分化していく

月に1冊ずつ本の仕事を抱え、それ以外にもインタビューの仕事があったり、執筆の仕事があったり、講演の仕事があったりする。一方で私は飲み会にも行きますし、土日は基本的に休みますし、旅行にもよく行きます。徹夜などは絶対にしません。

いったいどうやってスケジューリングをしているのか。

端的に答えれば、**「小分け」と「時間割」というキーワードが挙がります。私は、あらゆる仕事を小さく分割して「小分け」にし、それを1時間枠の「時間割」に当てはめて日々を送っているのです。**

仕事が決まると、まずその仕事のプロセスを分割します。そして何時間、必要になるのか、整理する。それを1時間の枠で区切った時間割に当てはめていく。小学校のときの時間割を思い浮かべてください。言ってみれば、あれを毎週、作っているのです。

後に詳しく書きますが、基本的に仕事は一度に一気にやりません。早く手をつけますが、何日にも分割して行うことが多い。そのほうが効率がいいからです。

しかも、いつ何をやるか、きっちり時間割で定めますから、たくさんの仕事が同時並行しても問題ありません。時間割通りに推し進めれば、確実にどの仕事も終わるからです。そして時間割に入らない、と思えば、仕事は受けない。

仕事を引き受けるルールも、私の場合は基本的にスケジュールです。

この仕事のやり方の原点にあるのは、中学生の頃の経験でした。1学期になって初めての定期試験が行われたのですが、私は戸惑いました。定期試験のための勉強をどうやっていいのか、わからなかったからです。しかも、科目数はとても多い。真っ先に気づいたのは、一夜漬けではまず無理だ、ということでした。

ちょうど試験の1週間前から部活（私はバスケットボール部に所属していました）も休みになり、授業が終われば家に帰ることができました。さて、どうやって勉強するか。しかも、私は普段は部活に夢中で予習復習などほとんどしていませんでした。

このときまず思ったのは、試験までいったいどのくらいの時間があるのか、でした。試験までの時間の全体像をつかんでおかないといけない、と考えたのです。トータル時間がわからなければ、勉強の時間配分もできない。それを把握するために思いついたのが、時間割を作ってみることでした。

クラブがないと、平日は夕方4時には家に戻れる。そうすると、夕食が始まる7時までに3時間ありました。夕食が終わった8時から11時まで勉強するとすれば3時間ある。要するに、平日は1日6時間、勉強に充てられるということです。

土曜と日曜は、無理せず午後から組んでいきました。こんなふうにすべての時間を1時間単位で算出したら、合計何時間使えるか、が見えてきたのです。

トータルで使える時間がわかっていないと、時間配分も考えられない

次は、それぞれの科目にどのくらいの時間がかかるか、です。最も重要な科目は、やは

り英語、数学、国語ですから、ここに多めの時間を組む。理科や社会は次。他の科目は直前の1時間くらいでも大丈夫だろうと考えました。

そして、自分で定規を使って作った時間割に、それぞれの科目を1時間ずつバラバラに入れていきました。これで、スケジュールは完成。とすると、この予定通りに勉強をしていけばいい。例えば英語は5コマあるとすると、それぞれのコマで何をしなければいけないのかを考えていく。試験範囲を4分割してこなし、最後はまとめに1時間充てる。

先に「ぼんやりこそストレス」と書きましたが、私はこの時間割を真っ先に作りましたので、あとはこなしていくだけ、となりました。ですから試験が近づいてきても、まったくストレスはありませんでした。なぜなら、やるべきことはもうきっちりやってあるからです。

普段は勉強していないので、すっかり詰め込みでしたから、この「時間割勉強法」はとても効率的だと思いました。試験という定められたゴールに向かって、逆算してやることを細分化し、無理なく時間割として組んでいくことができる。

やらなければいけないことは期日までにちゃんとできるので、「ああ、やらないといけない」といったストレスもない。スケジュールを組んだら、ただひたすら、それをこなしていくだけなのです。そして、徹夜のような無理をしなくて済む。
私の今の仕事スタイルは、まさにこれによく似ています。

一度にすべてをやろうとしない

「時間割勉強法」はその後、大学受験のときにも生かされることになりました。定期試験と違って大学受験の準備は期間が長期にわたるわけですが、考え方は同じでした。だから実はまったく焦ることもなく、私は本当に直前までよく遊んでもいたのです。

少し余談になりますが、私は農家の長男として生まれました。親との約束は、家を継ぐこと。幼い頃からずっとそう言われて育ちました。高校を卒業したら、市役所でもどこでもいいから就職して家を継ぐ。それが、私に定められた運命でした。

自意識が芽生えて、その不条理さに気づき始めたのは、中学だったか、高校だったか。思えば、少しながらも勉強を頑張ったのも、その不条理さへの反発だったのかもしれません。その意味で、不条理に置かれることは極めて大きな意味があったと私は思っています。

それなりに勉強ができて進学校に進んだ後も、大学に行くことはあまり考えていませんでした。父はとても厳格でしたし、故郷を離れることなど許されるはずがないと思っていたからです。しかし、高校3年になって、やはりどうしても気持ちが抑えられず、父親に恐る恐る受験したいと申し出ました。

大学を出たら故郷に戻ってくる、という約束で受験勉強を始めさせてもらえたのが5月。現役受験生としては、あまりに遅いスタートになってしまいました。しかも、私の場合、定期試験が詰め込み型でした。おそらく基礎がしっかりできていなかったのでしょう。試験範囲の定められていない、いわゆる実力テストには強くなかったのです。

ここから翌年の2月までのチャレンジが始まりますが、私の故郷は東京から6時間もかかる片田舎です。予備校もない。有名塾もない。東大や慶應、早稲田に現役生が合格するのは2年に1度あるかないか。そんな状況だったのでした。

ここで私が何をしたのかというと、受けるのを私立文系に絞り込み、翌年1月までの時間割を作ったのです。このときは、1時間枠ではさすがに期間が長すぎますから、まずは月間枠を作り、それを時間枠へと落とし込んでいくことにしました。

裕福ではないし、親もそもそも応援していませんから、参考書もたくさんは買えない。ということで、これぞと思える参考書を何度も繰り返して学ぶことにしました。もう記憶がおぼろげですが、例えば英語は文法、読解などに分けて、毎月一度、通読していく形を取っていたのではないかと思います。結果的には、これが功を奏することになります。同じ参考書を繰り返したことで、しっかり基礎が頭に入ったのです。

ゴールは2月。まだ先でしたが、それまでにやらなければいけないことは、すでに自分で決めていました。だから、焦りはまったくありませんでした。やるべきことを、やるべき時期までにしっかりできていればいい、と考えていました。

だから、夏休みも遊んでいました。デートをし、海に行ったりもしていました。実家は農家ですから、夏には稲刈りというビックイベントがあり、私も担ぎ出されました。受験生などというのは、もとより進学に反対だった父親には言い訳にもなんにもなりません。

ということで、夏休み明け、日焼けして登校した私に、先生が呆れた目を向けていたのを覚えています。ところが、それでも3カ月の勉強効果は大きかった。直後の実力試験で、びっくりするような学内順位を叩き出したのでした。

その後も、高校の学園祭があって応援団などで夜の帰宅が増えたり、私はバンドをやっていましたので秋にライブがあったり、クリスマスも彼女と過ごしたりしていましたし、直前のお正月も家族ですっかり楽しんでいました。

しかし、やるべきことをやるべき時期までにやってあればいい、と考えていたので焦りはありませんでした。そして迎えた受験で、私は運も手伝って無事に現役合格することができたのでした。

あまりにうまく行き過ぎて、自分の実力を過信してしまったことが、後の苦しい20代をもたらすことになってしまうのではありますが。

大学受験は大きな成功体験でした。うまくいった理由は、何より時間をしっかり味方につけることができたことだったと思っています。それができたのは、定期試験で培った「分割してゴールまで行く」という発想があったからです。

これは文章を書く仕事でよく聞くことですが、一度にすべてをやろうとする人がとても多い印象があります。しかし、それが本当に効率的なことなのかどうか、考えるべきだと思います。

私の場合は、「一度にすべてをやろうとしない」ことが、いろいろな仕事の前提になっています。結果的にそれが「ならば、どのくらい時間がかかるのか」「どんなふうに分割してできるのか」という仕事の段取り力、時間見積もり力を向上させてくれたのだと思っています。

早く手をつけてしまう、ことをクセに

一度にやろうとしない、ということはもうひとつ、良いクセを私につけてくれることになりました。それは、「早く手をつけてしまう」ということです。

定期試験にせよ、大学受験にせよ、一夜漬け型や直前猛スピード型でやろうとすると、早く手をつけることはないでしょう。逆に、早く手をつけたくないから、そういう型になっているともいえます。

それを否定するわけではありませんが、私には合わないのです。後に詳しく書きますが、

時間術にはそれぞれの人のタイプに合ったものがあると思っています。

私は個人的に、焦ることが大嫌いなのです。だから、直前まで何もせず、焦っている状況を作りたくない。だから、早く手をつけてしまうほうがいいのです。


いろんな人の話を聞いていて、「それなら、さっさと手をつけちゃえばいいのになぁ」と思うことは少なくありません。例えば、水曜日が締め切りの仕事と、木曜日が締め切りの仕事と、金曜日が締め切りの仕事があるとします。もうすでに準備はできているので、どれから取りかかってもいい。

聞けば、多くの人が水曜日の締め切りの仕事を水曜日にやり、木曜日が締め切りの仕事を木曜日にやり、金曜日が締め切りの仕事を金曜日にやるというのです。

いや、それは当たり前じゃないかと思われるかもしれませんが、私はそうはしません。どの仕事も、全部、水曜日にやってしまうことをまずは考えます。それが無理なら、木曜日の仕事、金曜日の仕事の一部でも水曜日にできないかを考える。

締め切りの日にやらなければいけない、というルールがあるわけではありません。さっさと手をつけてしまえばいいのです。

早く手をつけるとどうなるのか。それだけ仕事は早く進むことになります。時間に余裕を持ってゴールまで行ける。ギリギリになってバタバタしない。

実際、よくあることですが、私は締め切りの2日前、3日前にはもう原稿ができあがっていることが少なくありません。もっと早くできていることもある。もちろんそこから推敲をしたりもするのですが、これは早く手をつけているからできることです。

そして、締め切り当日になって、バタバタあたふたとしないで済むのです。ましてや、前日に真夜中まで仕事をしたり、徹夜したり、なんてことはまずない。まったくありません。

ですから、仕事を受けたときには、まずその仕事の中身を精査していきます。最終的なアウトプットまで、どのくらいの時間がかかるのか、見積もるのです。そしてそれを1時間の仕事に分解していく。

もちろん2時間、3時間と連続で作業をしてもいいのですが、そうすると、その仕事にかかりきりになってしまい、他の仕事が手をつけられなくなることがある。だから、結果的に2時間、3時間になっても構いませんが、1時間に分割できるようにしておくのです。

そして、早めに手をつける。早めに手をつければ、「これは思ったよりも時間がかかるかもしれないぞ」ということも早めにわかったりします。そうしたら、もう一時間、枠を取ったほうがいいかもしれない、ということにも気づけます。

逆に、「思ったよりも早く終えられるかもしれない」と枠を少なくするようなことも考えることができます。

早く手をつければ、時間に余裕を持ってゴールまで行けるのです。ギリギリになって、バタバタとするようなことがなくなる。

私はいつも思うのですが、どうせやらないといけないのです。どうせやらないといけないなら、さっさとやってしまったほうがいい。

それこそ成功者にたくさんインタビューしていて、「さっさと手をつける」というのも、共通項のひとつに数えられると思います。メール返信など、びっくりするくらい早い経営者もおられましたので。

まずは最終的なアウトプットまで、かかる時間を見積もる

締め切りに追われることがない

私は文章を書く仕事でフリーランスになって25年になるのですが、これまで一度も締め切りに遅れたことがありません。あまりに早めに原稿を作っていたために、送るのをすっかり失念してしまっていた、ということがありましたが、それ以外は本当にありません。

インタビュー原稿のような短いものだけではなく、書籍の原稿でも締め切り遅れは一度もない。こんな話をすると、驚かれることがあります。

出版界では、締め切りを守らない人がたくさんいる、ということもありますが、そこまで締め切りを守ることを徹底しているというのは凄い、と。そんなふうに言ってもらえることはありがたいことですが、私は特別なことだとは思っていません。

そしてもうひとつ、これだけ大量に仕事をしていると、締め切りのプレッシャーでさぞや疲れてしまうのではないか、と問われることもよくあります。

しかし、実は締め切りのプレッシャーというのは、私にはほとんどありません。もちろん「やらないといけない」という気持ちは常にありますが、プレッシャーになったりはしない。

これも「小分け」と「時間割」で仕事をしているからです。仕事がしっかり分割されて、時間割で配分されて、それをしっかりやっていれば、確実に締め切りまでに仕事が終わるように整えられているのです。

だから、何も考えなくてもいい。ただ、自分が作った「時間割」に則って、黙々と仕事を推し進めていけば、ちゃんと締め切りに間に合うようになっているのです。

締め切りの前日に、ふうふう言いながら原稿と格闘する、などということは私にはまったくありません。

もとより締め切りというのは、仕事の約束です。仕事の約束を守れない、というのは、仕事人として失格ではないか、というのが私の見解です。

ただ、面白いことに、ビジネスパーソンとして優れた仕事をしている人でも、なぜか出版社や新聞社から原稿を依頼されたりすると締め切りが守れなくなる、というのです。これは極めて不思議なことです。

私のこだわりのひとつには、もともと広告のコピーライターだった、ということも大きいと思います。コピーライターの仕事も文章を作ることですが、最大のポイントは広告コピーがないと、周囲の人たちが次のプロセスに進めない、ということです。

クライアントに企画の確認もできないし、デザイナーがデザインに取りかかることもできない。企画書もできない。もっといえば、その先には印刷を待っている人たちもいますし、キャンペーンのイベントを考えている人たちもいる。

これはほとんどの仕事がそうだと思いますが、自分一人だけで完結する、などということはないのです。自分の仕事は、必ずどこかでつながり、誰かに関わることになる。

出版社や新聞社の原稿とて、編集者が目を通し、校閲・校正が入り、レイアウトがあって、印刷のプロセスがあります。もし、原稿が遅れてしまったら、どうなるか。その後のプロセスの人たち全員に迷惑がかかってしまうのです。

そういうことを考えていくと、締め切りを守らない、というのが、いかにひどいことか見えてきます。もちろん、天才作家が素晴らしい小説を書き上げるのに、締め切りを破っても、これは誰も文句は言えないかもしれません。しかし、私も含めて、多くの人は天才作家ではない。勘違いしてはいけないのです。

「小分け」「時間割」は、試験や受験が原点にあると書きましたが、**ゴールを起点に考えるスケジューリング法です。なので、真っ先に意識するべきは締め切りです。それが何よりも重要、と言い換えてもいい。**

そこから逆算して時間を割り出し、時間割に当てはめていく。「小分け」「時間割」は、締め切りを守るためのスケジューリング法でもあるのです。そして同時に、締め切りに追われないスケジューリング法でもある。なぜなら、時間割通りにやっていれば、締め切りに間に合うからです。

「小分け」した「時間割」通りにやっていれば、締め切りに間に合う

やりたいことを、先にブロックできる

「小分け」「時間割」で締め切りまでがスケジューリングできたら、どうなるか。これをきっちりやれば、締め切りに間に合わせて仕事ができることになります。

先に、私が大学受験のときに、受験生なのにデートで海に行ったり、学園祭にどっぷり

浸かったり、バンドをやったりしていたことを書きましたが、それは「小分け」「時間割」でやるべきことがスケジューリングできていたからです。

スケジューリングができているのであれば、それ以外の時間は好きなことをしていればいい、というのが私の考え方でした。やらなくてもいいことを、何も無理にやる必要はないのです。だったら、好きな時間に充てたほうがいい。休んだほうがいい。

私は今もたしかにたくさんの仕事をしています。では、仕事ばかりしているのかというと、そんなことはありません。書籍の仕事が中心になってからは、外で食事したり、飲みに行く回数も増えました。こうやって原稿を書いているこの月は、5回も会食やら飲み会が入っていました。

もっというと、先にも触れたように4泊5日のアメリカ・シリコンバレー出張、さらには3泊4日の地方出張（実は故郷の地場産業である鞄産業を取り上げる企画で故郷に出張）も入っていました。

そしてもちろん、土日も休みます。3連休もしっかり休み、翌週の土日は軽井沢に家族で遊びに行っていました。

どうしてこんなことができるのかというと、先にスケジュールを入れてしまうからです。もちろん仕事は大事。ですから、大まかな仕事のスケジュールは見えています。その上で、自分がやりたいこと、さらには出張などの予定を入れてブロックしてしまうのです。

そうすると、残りの時間が算出できます。それを仕事に充てる。逆にいえば、残った時間でできない仕事は引き受けない。時間的にオーバーフローを引き起こしてしまうからです。

これを、**「仕事をやって、残った時間を楽しみに充てよう」**と考えてしまうと、**こうはなりません。仕事の予定がどんどん埋まってしまい、遊びの時間は作れなくなる。**

取材で聞いた話ですが、お金が余ったら貯金しよう、と考えてもお金が貯まらないのと同じことです。本気でお金を貯めようと思ったら、強制的に一定額を引き落としたほうがいいのです。余ったら貯めよう、などといって、貯められた人はまずいない、とマネーの専門家は語っていました。楽しみの時間を確保するのも、同じこと。先にブロックしてしまえばいいのです。

時間が余ったら遊びの時間に、では、遊びの時間は生まれない

ただ、このときに「小分け」「時間割」ができていないと困ったことになりかねません。締め切りまでのプロセスが見えていないことになるからです。どのくらい時間がかかるのか、いつやるのか、本当にできるのか……。

それがわからない中で、楽しみの時間を入れてしまうことは極めて危険です。それこそ私など、怖くて入れられないし、そもそも遊びが楽しめない。

先に時間をブロックできるのは、「小分け」「時間割」で締め切りまでにやるべきことがきっちりわかっているからです。やるべきことをしっかりやれば、締め切りまでに仕事を終えられることを理解しているからです。

そして私は、強制的にでも、この「楽しみの時間」「やりたいことの時間」「休みの時間」を入れなければいけないと思っています。ただひたすら仕事に向かっていたら、さすがに疲弊してしまいます。それが、クオリティの高い仕事を生み出すとはとても思えない。

気分転換、リフレッシュをする。新しい環境や人との会話で新しい刺激をもらう。それが、仕事にプラスになる。

実は私は同業者や同じ業界の人とも、あまり遊びません。担当編集者と飲むこともほとんどありません。同業者とつるんでも、得られることは限られると思っているからです。それよりむしろ、そうでない人たちと関わったほうがいい。

一見、仕事にまったくつながらないようで、実はそのほうが長い目で見れば価値をもたらすことが多いと私は思っています。

「小分け」「時間割」作成の一般的な考え方

1　仕事に要する総時間を1時間単位に小分けする(作業単位で分割)

仕事A		仕事B		仕事C	
❶	❷	❶	❷	❶	❷
❸	❹	❸	❹	❸	❹

・各仕事のトータル時間を見積もり、1時間単位に分割する
(情報収集に1時間、資料作成に1時間など)

2　「小分け」した内容をアポイント以外の時間割に落とし込む
(時間割には「仕事A情報収集」などと具体的に記入しておく)

	月	火	水	木	金
10:00					
11:00			❷		❹
12:00					
13:00	❶	❶	❸	❹	
14:00	❶		❸	❹	
15:00		❷			
16:00		❷			
17:00			❸		

・締め切りから逆算して、空いている時間に割り振る

3　毎日時間割を見直すことを習慣にする

・早めにできるものは、どんどん進めてしまう
・作業が1時間で終わらなかった際は随時修正する
・新規の仕事も同じく「小分け」から始めて、空いた時間割に組み入れる

アイディアは、デスクで考えない

「時間割で厳格に仕事スケジュールを管理しているのはわかった。でも、企画やアイディアは、定められた時間の中で出てくるようなものではないのでは……」

こんな質問を受けることがあります。たしかに、それは一理あります。これは後にも書きますが、本を作るときに取材の内容を細かくピックアップしたり、本の構成を考えたり、本の内容となる「素材」をたくさん出していったりするのは、定まった時間では難しい。

例えば、一時間の「時間割」をブロックしておいて、「この時間で本の素材を全部、出そう」などというのは至難の業です。実際、無理だと思います。

私はこの手の「企画やアイディア」に関しては、デスクで考えることはほとんどありません。デスクでウンウンうなって考えたところで、出てくるものはたかが知れている、ということを知っているからです。

これも取材で聞いた衝撃的な話でした。

もう20年近く前になります。前衛的な作品を次々と世に送り出し、世界にも知られる著名なアーティストの方でした。もちろん仕事の取材ですから、聞かなければならないことはきちんと聞くのですが、その上でとても興味があったことがありました。それは、あんな作品アイディアがいったい、どのようにして生み出されているか、でした。

そんな質問をインタビューの終わり際に出すと、彼はすんなりと語られたのでした。

「あ、それは簡単です。コミュニケーションするんです。スタッフと」

私はびっくりしました。当時はまだ、きっとデスクの上でウンウンうなっているんじゃないか、と思っていたからです。彼は続けました。

「アイディアというのは脳の奥底に潜んでいるんです。でも、それを自分で引っ張り出すのは並大抵のことではない。ところが、誰かといろいろしゃべっているうちに、ある言葉がトリガーになって、一気に出てくるんです」

なるほど、と思いました。たしかに、一人うなっても簡単に出てくるものではない。誰かとコミュニケーションすることが大切になるのか、と気づいたのです。

アイディアや企画は、デスクでウンウンうなって考えない

その後、何年か経って、もうひとつ貴重なヒントを得ました。これは放送作家の方だったのですが、アイディアを出すにはコツがある、と聞いたのです。

「例えば、シャワーを浴びているときとか、車を運転しているときに突然、何かが浮かんだりしませんか。実は脳が油断したときに、アイディアって出てくるんですよ」

実際、彼はジムでランニングマシーンに乗って走るときにメモ帳をぶら下げていると言っていました。逆にいうと、デスクでウンウンというのは、最もやってはいけないアイディア発想法だということです。なぜなら、脳は油断していないから。

「経営者の多くが、ジムに行っているでしょう。それは健康のためなんかじゃない。身体を動かして脳が油断したときに、ひらめくことに気づいているからなんじゃないかと思っているんですよ」

そうなのです。デスクの上ではなく、違うことをやっているときに浮かんだことをキャッチすることが大切なのです。駅まで歩いているとき、電車に乗っているとき、ご飯を食べているとき……。

ということで、私もデスクでは企画やアイディアを考えません。多くのケースは、駅までの歩く道と電車の中です。特に電車の中は、刺激とネタの宝庫なのです。向かいに座っている人のメガネの色から、中吊り広告から、隣でしゃべっている人の会話の中身まで、とにかく刺激だらけです。そこに意識を向けていると、連鎖反応でどんどんいろんなことが浮かんでくるのです。

それをすぐにスマートフォンにメモします。それこそ、駅まで歩いているときに浮かぶこともあるし、週末のランニング中に浮かぶこともあるし、飲み会の最中にトリガーに引っかかることもあります。それをすぐにメモする。

これは『10倍速く書ける　超スピード文章術』や『これなら書ける！　大人の文章講座』など、文章系の書籍に詳細に記していますが、こうやって素材をどんどんメモしていくと、その素材を眺めているだけで、さらに連鎖的に別の素材が浮かんできたりする。

こうやって、たくさん出てきた素材やアイディアを、「時間割」で確保した一時間で「整理」していくのです。これなら、一時間で問題ありません。場合によっては、電車内でできてしまうこともあります。

実はこの本の構成は、アメリカ出張の帰りの飛行機の中で作りました。それまでに電車の中や駅までの歩く道、あるいは、取材の合間や寝る前など、ふと思いついたタイミングでどんどん出していった素材を、機内でまとめてしまったのです。

まず必要なのは、仕事を「小分け」する力

私のスケジューリングは、まずは仕事を「小分け」するところから始まります。その仕事の中身を洗い出し、どのプロセスにどのくらいの時間がかかるか、把握していきます。

例えば、インタビュー原稿を書く。私にとっては最もシンプルな仕事ですが、これはまず取材するところから始まります。多くのケースで取材時間は1時間ですから、まさに1

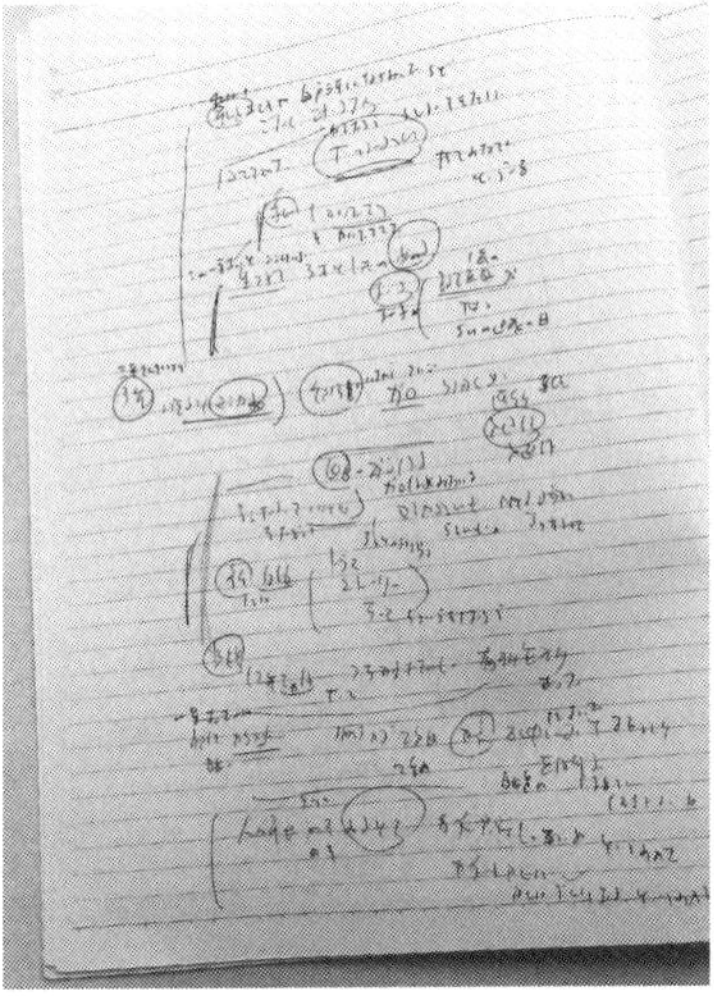

私の取材メモ。いつもA4サイズのノートを使用。取材でメモしきれなかったところを（ICレコーダーを早送りにして）違う色のペンで上書きしていく。取材時は余白を多くとってメモし、上書きしやすいようにしておく。

時間の枠を押さえるところから始まります（移動時間に前後1時間程度を取りますが）。

その後は、インタビューした内容を改めてICレコーダーで聞く、というプロセスがあります。取材中、私は懸命にメモを取りますが、さすがにすべての内容をメモすることはできません。

そこで、**戻ってからICレコーダーを早送りにして聞き、メモしきれなかったところを違う色のペンで上書きしていくのです。**こうして1時間分の「取材メモ」ができあがります。このプロセスに約1時間。

それから構成と執筆。私の場合は、かなり早く書いてしまいます。3000文字の原稿なら1時間ほどで書き上げます。6000文字なら2時間ほど。

ただし、ここで気をつけているのは、完全な提出原稿にはまだなっていない、ということです。ひとまず1時間、2時間でざっと書く。私はこれを「粗々で書く」と呼んでいます。

ここで一気に完成原稿に持っていこうとすると、1時間、2時間ではできない、ということもあるのですが、私は原稿には醒ます時間が必要だと考えているからです。書いていると、どうしても熱くなってしまうのです。だから、原稿を書いたら数日、寝かせたほうがいい。そうすると、醒めた客観的な目線で原稿を見直すことができます。このときに文字量の調整も行います。この「推敲」のプロセスに1時間。

インタビュー原稿であれば、「取材」を終えると、「取材メモづくり」「粗々で書く」「推敲」というのが、私の場合の「小分け」です。

では、例えば、講演やプレゼンテーションだったらどうか。講演テーマにもよりますが、どんな内容の話をするか、については先にも書いた「デスクでウンウン」を私はやりません。この手の「素材出し」は、「デスクでウンウン」よりも、何日もかけて少しずつ出し

「小分け」実践例　インタビュー原稿の場合

要する総時間　6時間（または7時間）

移動時間（取材前）　1時間

↓

取材
- ICレコーダーを回しつつ、ノートにメモ　1時間

↓

移動時間（取材後）　1時間

↓

ICレコーダーをチェック
- 早送りで内容確認する　1時間
- 取材時のノートに上書きする
（取材でメモしきれなかった内容を違う色のペンで上書き）

↓

構成案作成・原稿執筆
- ノートを確認して構成を考える　1時間（または2時間）
- 1時間で約3000字、2時間で約6000字
- ざっと「粗々で書く」

↓

推敲
- 原稿執筆から少し時間を置いて見直し、推敲　1時間

↓

インタビュー原稿完成

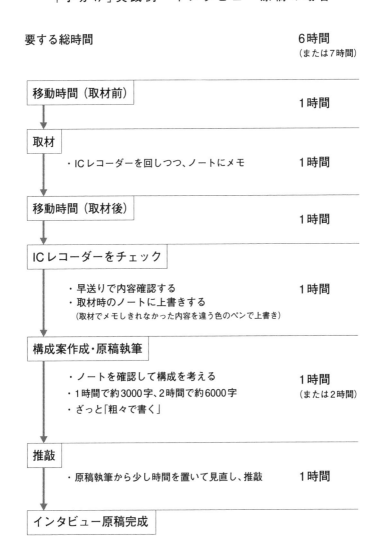

ていったほうが有効であることに気づいているからです。

なので、スマートフォンのメモ（私はメーラーの下書きに入れています）に、思いついたらどんどん入れていくようにしています。電車の中で浮かぶこともありますし、歩いているときに浮かぶこともあります。講演やプレゼンテーションまでには、それなりに日数がありますから、早い段階でこれを始めて、少しずつ少しずつ、ネタを増やしていくのです。

これも取材で聞いた話ですが、脳は実は指令を出しておくと、勝手に考えてくれているのだそうです。しかし、指令を出していないと考えることはない。だから、「これを考えないと」とはっきりさせることが重要です。そして、その考えていたことが、ふと脳が油断をしたタイミングでポロリと出てきたりする、というわけです。

そしてこれも先に書きましたが、面白いもので、すでに挙げたネタを眺めていると、新たにネタが浮かんだりします。また、誰かとまったく違う話をしているときに浮かぶこともあります。

講演の場合は、２週間から10日ほど前に、このネタを整理しながら、スライドのもとになる「テキストの構成」を考えます。こんな流れで、こんな内容を、こんなふうに積み重ねていこう、という流れをテキストで作る。これに１時間。

それから、数日置いて「スライドづくり」。数日置くのは、原稿と同じように醒めた状態で見直したいからです。これが、短い講演なら1時間。長い講演なら2時間。

おそらくどんな仕事も、こんなふうに仕事を「小分け」にしていくことができるはずです。例えば、上司に提出する市場動向についての資料なら、「情報収集」「構成」「パワポの仕上げ」。それぞれ、どのくらい時間がかかるのかを想定し、プロセスに分解していく。そして、一気にやってしまうのではなく、数日に「小分け」してやっていくのです。

「時間割」づくりのポイントは、余裕を持つこと

仕事を一気にやらずに「小分け」して数日に分けることには、利点があります。先にも書いた醒めた目線で客観的に見られることもそうですし、数日、置いている間に、「あ、あれも入れておくといいな」「こんなふうにしたほうがいいな」などの新しいアイディア

が浮かぶことが少なくないからです（まさにこれは脳が考えてくれているからです）。

これを締め切り前日にやっていたとしたら、後で浮かんでも、もう直しようがありません。数日に分けて行うことで、仕事のクオリティを高めていける、ということです。

仕事を「小分け」していくとはつまり、「段取りを考える」ということでもあります。

実は仕事ができる人というのは、この「段取りを考える」力が優れているのだと私は思っています。的確な段取りが作れる。だから、優れたアウトプットが出せるのです。

早く手をつけることは、仕事のクオリティを高める

だから「小分け」は極めて重要です。場合によっては、この「小分け」のために時間を割いてもいい。ある仕事をもらったら、この仕事にはどんな段取りが必要なのか、しっかり考えていくのです。

実際、私はやったことのない仕事や、初めての仕事などは、「小分け」を考える時間を作っています。やったことがありそうな人に、「これはどのくらい時間がかかるのか」なんて尋ねたりもします。

会社の仕事なら、誰かがやったことのある仕事が少なくありません。ですから、仕事をお願いされたら、周囲の人に聞いてみるのもいいと思います。これには、どんな段取りが必要で、どのくらいの時間がかかるのか、と。

上司から依頼を受けたなら、上司に聞いてみるのもいいでしょう。その仕事をやったことのある上司なら、「自分の場合はどうだったか」ということを知っているはずだからです。

そして、段取りを「小分け」して、それぞれ時間を見積もっていく。このくらいかかるだろう、という見積もりを「時間割」に組み入れていく。

「時間割」は基本的に1時間単位です。それこそかつては、本当に小学校の時間割のようなものを作ってプリントし、そこに手書きで記入したりもしていました。その後は、時間で区切られている手帳に書き入れるようになりました。

今は書籍の仕事が中心になり、そこまで細かく時間管理をすることが必要なくなっているので、「to do リスト」とともにパソコンのスケジューラーで管理しています。ただ、頭の中には常に時間割を入れて行動していますし、少しでも忙しくなりそうなら、1時間単位の時間割を作って「小分け」した仕事を入れていきます。そのほうが、ラクだし、やることがぼんやりするというストレスもないからです。

「時間割」を組んでいくときのポイントは、後に詳しく書きますが、まずは自分が最もよく頭が動く時間に、最も大変な仕事を入れていくこと。そのほうが効率がいいからです。

そしてもうひとつは、無理をしない、ということです。段取りをして「小分け」で見積もりをしたつもりが、思ったよりも時間がかかってしまう、ということは私にもあります。

このときに、「時間割」がガチガチに組まれていると困ったことになります。なので気をつけているのは、**2日に1時間ほどはバッファーをもたせておくことです**。多くのケースは夜の時間です。夜の時間を1時間、余裕を持っておく。万が一、できなかったときは、このバッファーを使って取り戻せばいい。

時間割を作るのには、多少の時間がかかります。それこそ、新しい仕事が入ってくれば、時間割の見直しが必要になります。なので、その仕事を受けるかどうかも含めて、**スケジ**

ユールを考える時間、というものを組み込むことにしています。1日15分から30分。朝か、もしくは夜か。

スケジュールを考えるのに時間を使う、というのは本末転倒に思えるかもしれない、とは先にも書いたことですが、スケジュールづくりというのは実は仕事のベースになるものです。

超多忙な人たちが秘書にスケジュールを委ねるように、本来はプロの仕事です。しかし、プロは雇えませんから、自分で考えていくしかない。そのためには時間が必要です。ただ、時間を取ってでも、きっちりとしたスケジュールを作っておけば、あとはそのスケジュールに従うだけなのです。締め切りに間に合うか、などという心配はしなくていいし、どれだけ仕事があるかわからない、なんてぼんやりしたストレスに襲われることもない。

そして、1日のスケジュール通りに仕事が終われば、「今日もよくやった」という達成感が味わえます。おいしいビールを飲んで、翌日に臨めるのです。

なかなか腰が上がらない、という人にも

達成感を強調してきましたが、実はこれには理由があります。達成感というご褒美が、スケジュールをこなしていくことの大きなインセンティブになると私は思っているからです。

逆にスケジュール通りにいかなかったらどうなるか。残念ながら、ダメな自分になってしまいます。自分で決めたスケジュールをこなせなかったわけですから、それは当然のことです。

ただ、ここで問題は「ダメな自分」を実感することが、自分にダメージを与えてしまうということです。先にも書いたように、自分の行動は誰よりも自分が見ているのです。そうすると、「ダメな自分」を自分に刷り込んでしまうようなことになりかねない。

私はそれがしたくないので、なんとしてでもスケジュールを守ることを考えます。そして、無理なスケジュールを組まない。だから、メンタルとして追い詰められることがない。

毎日、おいしいビールというご褒美が飲めるというわけです（もちろん、時には不測の事

態も起こりえます。そういうときは、すぐにスケジュールを見直して、リカバーに意識を注ぎます。くよくよしていたところで、何も始まりませんので）。

仕事をしなければいけないのはわかっているけれど、どうにも腰が上がらない、という声が聞こえてくることがあります。

こういう人にとっても、私の「小分け」「時間割」は有効だと思います。なぜなら、もう時間割が組まれているのです。なんとなく漠然と「今日はやらないといけないな」ではないのです。午後1時から2時までは、これをやらないといけない、ということが決まっているのです。その後の予定も決まっているのです。

そもそも、どうして学校に時間割があるのか。それは、年間で決められたカリキュラムを確実にこなしていくには、時間割を作ることが最も有効だからでしょう。

そして同時に時間割があることで、いつ何をすればいいのかがはっきりする、ということだと思うのです。

わかりやすい言葉でいえば、「規則正しい生活」でしょうか。では、どうして規則正しい生活が求められるのかといえば、そのほうがラクだからです。

わざわざ「時間割」を作っているのは、そのほうがラクだから

私がわざわざ「時間割」を作っているのは、そのほうがラクだから、なのです。そして腰もちゃんと上がるからです。だって、始める時間は決まっているから、です。

それこそ今よりも大量の仕事をしていた時期が私にはありますが、その頃は決められた時間に腰を上げない、なんてことになったら大変な状態に陥りました。だから、やるしかなかった。そのためには、「13時からこれ」と決まっているほうがいい。早くやらないと、後の時間に影響してしまうからです。

だから、「時間割」は、なかなか腰が上がらない人にも有効だと思います。

そして「時間割」が「小分け」にされていると集中できます。人間の集中力は、そんなに長く続かない、とはよく言われることです。同じ仕事を何時間も続けていると、集中力が削がれてしまう。しかし、1時間で「小分け」されていますから、集中力は維持できます。

また、私の場合は、ちょっと負荷のあるスケジューリングをしていますから（この話については後に詳しく書きます）、「時間割」をこなすにはしっかり集中していなければなりません。だから、途中でメールがやってきたとしても、「時間割」の合間まで見ないことがよくあります。

また、SNSという誘惑が今の時代はあるわけですが、これも集中しなければいけないと思っていると、そこには目が行きません。のんびりネットサーフィンなんてやっていたら、1時間の「時間割」はあっという間に過ぎていってしまうからです。

なので私は、本気で集中したいときには「メール」も「ブラウザ」もパソコンから閉じてしまいます。そうすることで、一気に集中力は高まります。

そういえば、成功者の方の多くが、「飛行機の中では仕事がはかどる」と語られていました。ネットもつながず、電話もかかってこない。そんな状況がいかに集中できるか、ということの証左かもしれません。

1時間で「小分け」されていると、集中力が維持できる

第3章

「自分を理解」しないと、時間はうまく使えない

こうなったらイヤだな、を自分に問うてみる

「時間割」を作るときにも、これはとても重要になるのですが、そもそも自分のことをちゃんと理解していないと、時間はうまく使えないと私は思っています。だから、時間術の本はたくさんありますが、そこに書かれているテクニカルなことを実践しても、うまくいくとは限らないと思うのです。

それこそ私は朝がとても弱いので、「朝を活用しよう」という時間術は、どんなに有効に思えたとしても絶対にうまくいきません。自分に合った時間術を取り入れたほうが絶対にいいのです。

そしてそこでフォーカスすべきなのは、「こうしたい」よりもむしろ「これはイヤだ」ということなのではないかと私は思っています。

そもそも、どうして私が「小分け」「時間割」のスケジューリングをしているのかというと、先にも少し触れたように、何よりも焦るのが嫌いだからです。

このことを改めて知ったのは、アパレルメーカーから転職してコピーライターになった

ときでした。当時の仕事は、リクルートで求人広告の制作をすること。リクルートは今も仕事がハードな会社として知られているようですが、当時もハードでした。入社して間もない頃から、本当に大量の広告を作ることになったのです。

しかも、私が締め切りに遅れたら、お金を払って広告を出そうとしているクライアントが、広告を出せなくなってしまいます。窓口になっている営業担当者にも申し訳ない事態を引き起こしてしまう。

そんなわけで必死で仕事をしていたわけですが、もうひとつ当時は重要な仕事が待っていました。印刷会社に指示を出すための入稿と呼ばれる作業です。当時は紙媒体でしたので、印刷プロセスに乗せるための作業が必要だったのです。

手がけていたのが、毎週刊行の就職情報誌でしたから、この入稿が毎週やってくる。広告コピーの制作を大量にこなすことに加えて、入稿も大量にやらないといけない。しかも、入稿作業は1日でやらなければなりません。

私はこの作業がイヤでイヤでたまりませんでした。広告づくりは自分でコントロールして早めにやれば、焦る事態は招きません。しかし、入稿は1日だけ。しかも時間にデッドがある。だから、焦るのです。これが本当にストレスでした。

フリーランスになってからは、広告を作るだけが私の仕事になり、この入稿作業をしなくて良くなりました。私にとっては、本当にありがたいことでした。そして改めて思ったのは、自分を焦るような状況に追い込みたくない、ということでした。それこそが、一番イヤなことだったからです。

そうやって考えたのが、実は社員時代からなんとなくやっていた「小分け」であり、「時間割」でした。

みなさんも「こうなったらイヤだな」ということを、まずはイメージしてみるといいと思います。「朝早いはイヤ」でもいい。「忙し過ぎるのはイヤ」「ボーッとする時間がないとイヤ」なら、時間割に休憩を組み込んでもいいでしょう。「夜遅いのがイヤ」なら、夜に仕事をしなくて済むような時間割を組めばいい。

「夜の時間は遊びに使えないとイヤだ」あるいは「夜に勉強ができないとイヤだ」ということであれば、夜の時間をブロックして時間割を作ればいいし、「もっと仕事をしないとイヤだ」ということなら、夜遅い時間まで仕事を組み入れたらいい。

「もっともっと成長したいので、自分が追い詰められないとイヤ」ということなら、猛烈に負荷をかけた時間割を作るのも、ひとつの方法です。

自分に合ったスケジュールを作るためにも、自分のことを知りたい。そのためには、自分がイヤなことから発想してみる。そしてスケジュールを組み立てていく。スケジュールづくりのヒントにしていくのです。

ちなみに、**会社員時代、大量の仕事にふうふう言っていた私でしたが、フリーになってからは、その3倍の仕事をこなしている自分がいました。**これには本当に驚きました。人間、やればできるのだと改めて思いました。

実際に行ったスケジュール、を書き上げてみる

「自分のことを理解する」という点ではもうひとつ、とてもいい方法があることを、かつて取材した経営者に聞きました。方法はとてもシンプルです。実際に行ったスケジュールを1週間分、書き上げてみる、というものです。

多くの人が、手帳なりパソコンやスマートフォンでのスケジューラーなりで、スケジュールの管理をしています。しかし、それは「これから先」の予定を書いているに過ぎません。

しかも、スケジュールに入っているのは、人と会う予定だったり、会議の予定だったり、といった「外」との関わりだけです。実際に、席に座って仕事をしているときもスケジュールのはずなのですが、それは手帳には書かれていない。

これで本当にスケジュールのつもりなのか、とその経営者は取材で言われていたのです。1日で何をするか、あるいはしたか、こんなスケジュールでわかるのか、と。

そこで彼が勧めていたのが、まずは1週間、毎日夜にその日のスケジュールをすべて書き出してみることでした。そうすることで、人に会ったり、会議をしたり、といった人に関わる仕事以外で「何をしていたか」があぶり出されていくことになります。

これが衝撃的な結果をもたらすことが少なくない、と経営者は語っていました。まず、何をしていたのか、思い出せない時間が意外にたくさんある、というのです。たしかに仕事をしていたはずなのだが、何をしていたのかがわからない。

そしてもうひとつが、建設的に仕事ができていない、ということです。やらないといけないことを後回しにして、別に急いでいるわけではない仕事をしていたりする。しかも、どうしてその仕事をすることになったのか、思い出せない。

こんなことになってしまった理由は明快で、人と関わるところはスケジューリングしていたけれど、それ以外の時間がまったく管理されていなかったからです。私の言葉でいえば、「時間割」が作れていなかったのです。

それを理解するためにも、実際に行ったスケジュールを書いてみるのは、とても大きな意味を持つと思います。

忙しいと思っていたけれど、無駄な時間がけっこうあった。資料を探しているつもりだったけど、実は面白いサイトにはまってかなり時間を取られてしまった。移動中も何をすることもなく、ダラダラとスマートフォンでニュースを眺め続けていた……。

こういうこともわかりますし、自分の傾向もわかってきます。朝はかなり集中しているけれど、夕方には集中が切れてしまう。会議がとても多いので、まとまった時間がほとんど取れていない。メールを書くのに、やたらと時間がかかっている。企画書を作るのが、とても苦手だ……。

傾向がわかれば、対策が打てるようになります。対策を打つことで、もっと時間が生み出せるかもしれない。しかし、自分の仕事を改めて洗い出してみないと、こういうことも見えてきません。それだけでも、予定を書くスケジュールではなく、実際に行ったことを書くスケジュール帳の意味が出てきます。

それにしても、どうしてスケジュール帳には、人に関わる予定しか書かないのでしょうか。そもそも、それが私には不思議でなりません。なぜなら、**仕事は人に会うことだけではないから。人に会わないときにしている仕事も、大切な仕事だからです。それもしっかりスケジュールしていくことで初めて、仕事のスケジュール、と言えるのではないでしょうか。**

逆にいえば、人に関わらない仕事についてスケジューリングできていないのに、仕事全体がスケジューリングできるはずがないじゃないか、と私など思ってしまいます。人に関わる以外の時間は、なんとなくぼんやりと時間が過ぎていってしまっているだけ、になってしまう危険があるからです。もしかして、こうなっている人も多いのではないでしょうか。

その意味でも、「小分け」「時間割」には意味があると思っています。それこそ1時間単位で作られているスケジュール帳やスケジューラーもあります。人に関わること以外のこともスケジュールすればいいのです。これで「時間割」を作ればいいのです。

スケジュール帳には、なぜ人に関わる予定しか書かないのか

自分のダメさ加減を、あらかじめ認識しておく

自分の1日を振り返ってスケジュールを見直して、「ああ、こんなところで怠けていた」

と気づかせるなんて、そんなのイヤなやり方だな、と思われた方もいらっしゃるかもしれません。ただ、私はそうは思いません。誰だって、そうやって怠ける可能性があるから。そもそも人間は、そういう生き物だからです。

たくさんの成功者にも取材してきた、とは先に書いたことですが、これもまた共通項のひとつといえるかもしれません。人間とはどういう生き物なのか、ということを、よくわかっている人が多い。そういうことをしっかり認識できている、のです。

端的にいえば、人間はそもそも怠け者で欲望に弱くて、ずるい生き物だということ。それがしっかり認識できていれば、気をつけることができます。自分はそもそも怠け者であるとわかっていれば、そうならないように気をつける。覚悟ができて、対処ができる。欲望に弱い、ずるい生き物だと思っていれば、自分でその課題に向き合うことができる。

逆に、そもそも怠け者である、ということが認識できていなかったらどうか。覚悟も意識も持つことはできないわけです。

人間はそもそも怠け者で欲望に

弱くて、ずるい生き物だ

成功者の多くにお会いしてきて、そもそもこの人たちはスタートラインが違うな、と思わされたことは、一度や二度ではありませんでした。とても冷静に、とてもシビアに、人や物事を見ているのです。

今も強く印象に残っている象徴的な話があります。テレビでも活躍している有名な大学教授ですが、彼が取材中、私にこんなことを聞いてきたのです。

「上阪さん、ドストエフスキーを読まなければいけない理由を知っていますか?」

突然の質問にキョトンとした私に、先生は教えてくれました。

「ドストエフスキーの小説には、人間のすべてが描かれているんです。不条理で不合理で不平等で無慈悲で残酷で……。それが人間の生きる社会なんです。だから、ドストエフスキーを読む価値がある」

つまり、こういうことです。ドストエフスキーを読んでいれば、人間社会の本当の姿を教えてもらえる、ということです。不条理で、不合理で、不平等で、無慈悲で、残酷な……。

でも、これは事実だと私は思いました。実際、そうなのではないでしょうか。もちろん、世の中にはいい話もたくさんある。しかし、その一方で、不条理で、不合理で、不平等で、無慈悲で、残酷なのです。だから、ドストエフスキーを読む価値があるのです。

そして、こういうことがわかっていれば、どうなるか。考え方も、行動も変わるのです。端的にいえば、おかしな期待はしなくなる。残念なことが起きたときに驚かなくなる。だから、そういうことが起きないように努力するようになる。

一方で、いいことが起きれば、大きく喜ぶ。ありがとう、とは「あり」「難い」つまり、なかなかないこと、というのが語源だと言われますが、滅多にないことだととびきりうれしく思うようになる。

こんなふうにして、自分のメンタルを整えていくことができる。誰かに期待したりしなくなる。シビアに自分を見つめ、不条理に見舞われたり、ぶつかったときに乗り越えられるよう、自らの成長を目指すようになるのです。

ある尊敬する経営者は、「人は性格とインセンティブの奴隷だ」と断言していました。

たくさんの会社の修羅場を見てきた彼は、どんな社会的地位にあろうが、学歴があろうが、あっというまに人が堕ちていく姿をリアルに見たと語っていました。所詮、人間などというのは、その程度の生き物だ、ということです。

そして一方で、強くなくて弱い生き物だからこそ、それを奮い立たせる方法が必要になるわけです。そのひとつが、自分へのご褒美です。自分で自分を褒めてあげる。それをインセンティブに頑張る仕組みを作ればいい。「時間割」は、そのひとつになると私は思っているのです。

人は忘れてしまう生き物だと認識する

もうひとつ、「そんなスケジュールをガチガチに組んだりするのは、どうかと思う。だいたい、スケジュールなんて覚えているから大丈夫。大事なものだけ、メモしておけばいいんじゃないのか」と思われた方がいらっしゃるかもしれません。

そんな方に、ぜひ知っておいてほしいことがあります。どうしてきちんとスケジュールしておかないといけないのか。それは、覚えていることができないからです。人間は、忘れてしまう。これもまた、人間はそういう生き物だからです。

この話を改めて教わったのは、5年ほど前、たくさんのベストセラーを出している大学教授に取材したときでした。彼はもう何十年も前から、書く題材をもっとラクに記録できる方法はないものか、と頭を悩ましていたといいます。

すでに私も書いていますが、アイディアや書く題材というのは、デスクで書こうとしたときではなく、散歩中だったり、電車の中だったり、シャワー中だったり、といった思わぬときに浮かんでくるものだからです。

そのときにメモ帳がすぐに取り出せればいいですが、そうもいかないこともある。そこで彼は、音声で記録ができないか、ずっとトライしていたといいます。小型のカセットレコーダーに内容を吹き込む。しかし、大きなカセットレコーダーをいつも持ち歩いて手にしているのは、なかなかに難儀でした。

そこに登場したのが、スマートフォンでした。電話ですから、常に手にしていても違和感はない。しかも、すぐに録音ができる。さらに、今はＡＩによって音声からテキストにしてくれる。こんな便利はものはない、と。

実際、彼は起き抜けや散歩の途中などで、思いついた内容を吹き込み、テキストのメモにしておいて、順番を入れ替えてまとめて整理し、週刊誌の連載を書くようになったと語っていました。いやはやもう、ラクになった、それこそ朝飯前になったよ、と。


どうして彼がここまで記録にこだわったのか。それには理由があって、人間が忘れてしまう生き物だからです。彼は、それは止められないし、仕方のないことだと語っていました。忘れてしまうのは人間に組み込まれたプログラムなのだ、と。

人類の歴史をひもとくと、今のような豊かな暮らしはほんの短い期間です。その大部分を、人類はジャングルで暮らしていました。ジャングルには、肉食獣やら猛禽類やら爬虫類やら、命に危険を及ぼす生き物がうようよいます。

そこで人類はどうしたのかというと、危険をすぐに察知できるよう、脳のスペースを常に空けておくようになった、と教授は語っていました。そのために必要になったのが、いろんなことをすぐに忘れるようにすることだった、と。

集中できない、注意力が散漫なのが困る、という人もたくさんおられますが、これも同じ理屈です。もともと人間は、集中できないようにできているのです。それこそ、アインシュタインやニュートンみたいな、集中力のとんでもない人たちがジャングルに暮らしていたら、あっという間にガブリとやられてしまうでしょう。そうならないために、集中せず、注意力も散漫になるようになっているのです。

もともと人間は、いろんなことを忘れるようにできているのです。だから、「忘れてしまう」ということを前提に行動する必要があるわけです。思いついたこともそうですし、やらなければいけないことも、しっかり記録しておかないといけない。書いておかないといけない、ということです。

それは、スケジュールもしかりです。覚えておこうとしても、覚えておけるものではない。きちんと記録しておかないといけない。そしてしっかり予定を組んでおかないといけないのです。

もともと人間は、

集中できないよう、物事を忘れるようにできている

なんでもメモする。いつでもどこでもメモする

人は忘れる生き物、という話を取材で聞いてから、かつて以上に私はメモを残すようになりました。たしかにそうだ、と改めて思ったからです。

先に電車の中や駅に向かって歩いている途中に、いろんなメモをスマートフォンにしている、と書きましたが、それはこの取材で話を聞いてからのことです。やっぱり忘れてしまうんだ、これはしっかりメモをしておかないといけないぞ、と。

会社員のコピーライター時代から、メモはせっせと取るようにしていました。求人広告の制作の仕事でしたが、しっかりメモを取っていないと、あとで痛い目に遭ったのです。

広告を出稿する企業の経営者や人事担当者、また入社した実際の社員などに取材をすることも少なくありませんでしたが、メモがないと、書く段になって、「あれ、どんな話だったっけかな」「どういう言葉で言われていたかな」などと困ってしまうことになった。

今では驚くべきことですが、当時は音声を記録するためのレコーダーも回していませんでした。カセットレコーダーは大きく重く、使い勝手が悪かったこともありますが、そこまで記録にこだわっていなかった、ということも大きかった。

ところが著名な方々に取材するようになって、レコーダーは必須になりました。その言葉を取材で語ったかどうか、きちんと確認するためにも必要になったからです。以来、取材後は多くのケースで録音したものを聞いてから、原稿を作るようになりました。

実際のところ、そのほうが明らかに効率的でした。しっかりした正確なメモをもとに原

取材道具一式。A4サイズのノート、ジェットストリームのボールペン、ICレコーダー、腕時計。撮影が必要な際は適宜スマートフォン。取材時、腕時計をちらちら見るのは失礼なので、必ずはずしてテーブルの上に置いておく。

稿を作ったほうが、はるかに早く原稿が仕上がったのです。記録の重要性を、改めて私は知ったのでした。

そして「人は忘れる生き物」という話を聞いて以降は、とにかくあらゆることをメモするようになりました。

「あ、あの原稿はあそこにこういう内容が入ればいいんじゃないか」「こんな本の企画があったら面白いんじゃないか」など、ふと浮かんだ仕事のアイディアはもちろん、「住民税を支払わなくちゃ」「自動車の車検の連絡をしておかないと」「そろそろ炭酸水を注文しよう」といったことまで、全部メモするようになりました。なぜなら、必ず忘れてしまうからです。

スマートフォンのメーラーの下書きに入れているほか、メモアプリも使いますし、音声で入力するとテキストにしてくれるメモも使います。やらなければいけないことを、タイトルをつけて自分にメールをすることも少なくありません。忘れることがわかっているからです。それをすべてリスト化していく。

おかげで「うっかり」がずいぶん減りました。そして、「何か忘れてるんじゃないかな」という「ぼんやりした不安」が大きく減りました。

スマートフォンを手にするようになってからは、写真も記録媒体として重宝しています。例えば、取材現場に行ったとき、写真を撮っておく。取材というと、人の話を聞くことだと思っている人も少なくありませんが、そうではありません。例えば、見たことも重要な取材のネタなのです。

そこで写真が活躍します。見たことをせっせとメモにして残すよりも、圧倒的にすばやく確実に記録することができる。こんなに便利なものはありません。

これは取材に限らず、記録媒体として大いに活用するべきだと思っています。いずれにしても、人間は忘れてしまうのです。

なんでもメモする。いつでもどこでもメモする。そうすることで、やらなければいけないことのみならず、さまざまな情報を残していくことができるのです。

「to doリスト」はシンプルなものにする

どんどんメモをしていったり、自分にメールをしていったりするわけですが、これらはひとつの「to doリスト」に落とし込んでいます。

リストはパソコン上のメモパッドに作っています。メモやメールから、そこに転記をしていく。毎日、仕事を終えるときと、仕事を始めるときに「to doリスト」をチェックして、記入したり、確認したりしています。

ややこしい作り方はしていません。1枚のメモパッド（私はＭａｃを使っているので「スティッキーズ」です）を縦長にして、パソコンのモニタの左端に出るように置いています。

そこに、ヨコ書きのやるべきことを並べて書いているだけです。下から to do をどんどん放り込んでいく。終えたものは消すのではなく、1、2行空きの上（やるべきことの上）に積んでいきます。そうすることで、過去にやったことを確認していくこともできます。極めてシンプルなリストです。

パソコン上で管理するようになったのは、この10年ほどでしょうか。かつては手帳を使っていましたので、手帳で「時間割」とは別に「to do」を管理していました。A4サイズの大きな手帳で、見開きになっている週ごとに「to do リスト」を置いていました。

パソコンなら、やり終えたものは消してしまってもいいのかもしれませんが、あえて残しているのは、この手帳時代の経験からです。

当時はリストの一つひとつに○をつけていました。そして、終えると●に塗りつぶしていったのですが、これが毎日の楽しみでした。やらないといけないことを確実にやれた、という安堵感と気持ちよさ。ごくごく小さなことですが、これも自分へのご褒美だったのだと思います。

なので、もちろん過去にやったことが確認できるという利点もありますが、パソコンでもあえて残しています。○●という印をつけていた時期もありましたが、ややこしくなる

「to do リスト」(やることリスト)の作り方

*パソコン上のメモパッドへの記入例

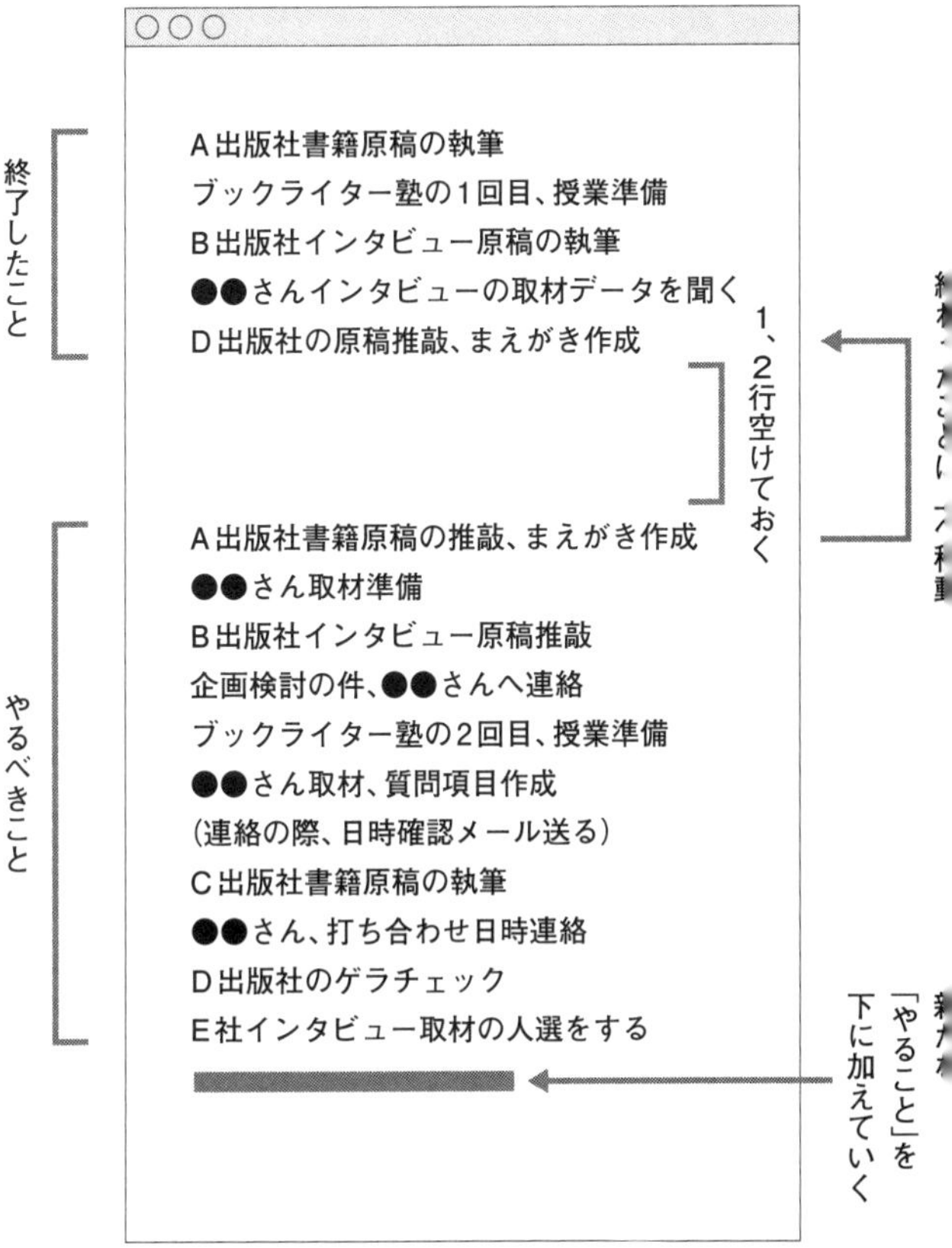
終了したこと
A出版社書籍原稿の執筆
ブックライター塾の1回目、授業準備
B出版社インタビュー原稿の執筆
●●さんインタビューの取材データを聞く
D出版社の原稿推敲、まえがき作成
1、2行空けておく
やるべきこと
A出版社書籍原稿の推敲、まえがき作成
●●さん取材準備
B出版社インタビュー原稿推敲
企画検討の件、●●さんへ連絡
ブックライター塾の2回目、授業準備
●●さん取材、質問項目作成
(連絡の際、日時確認メール送る)
C出版社書籍原稿の執筆
●●さん、打ち合わせ日時連絡
D出版社のゲラチェック
E社インタビュー取材の人選をする
「やること」を下に加えていく

のでやめて、今は1、2行空きで「やったこと」「これからやるべきこと」を分けているだけです。

そして、「これからやるべきこと」の下には、本の企画やら原稿のアイディアやら取材したい人のリストやらがずらりとメモになっています。

「to do リスト」なんて面倒だ、と思われる方もおられるようですが、だからこそ重要なことは、リストをシンプルなものにすることだと思っています。リストをややこしいものにしたり、特殊なアプリのようなものにすると、入力するだけでも手間になる。

もうひとつのポイントは、**とにかくやるべきことを何でも書いていくことです。仕事以外のことも放り込んでいく。**それこそ仕事でも、今では「時間割」をざっくりとしか作らなくなったので、「小分け」仕事をリストにして書いています。

例えば、「○○さんのインタビューを書く」といったざっくりした内容ではなく、「○○さんインタビューの取材データを聞く」という「小分け」仕事にまで落とし込んで書く。

また、「誰々に確認メールを送る」「取材の人選をする」「名刺を発注する」など、時間割に入らないような細かなものも、すべて「to do リスト」に落とし込んでいます。そうすることで、やらないといけないことがより具体的になっていきます。

何より、目的はリストを作ることではなく、つつがなくやるべきことをこなしていくことができるようにすることです。

その意味では、「to doリスト」は、一度始めてしまうと、これくらいありがたいものはないと思います。先にも書きましたが、「ぼんやりしている状況」こそがストレスを生むのです。「やらないといけないことがたくさんあってイヤだな」とぼんやり思っている状況こそ、最もストレスな状態です。

それを「to doリスト」によって、はっきりさせていくことができる。これとこれとこれをやるのだな、ということがわかるようになる。これだけで、気分はまるで違います。

ああ、書いてみたら、これだけだったのか、ということがわかったりする。

もし、これをやっていなかったとしたら、たくさんの仕事を抱えて右往左往するようなことになりかねません。「どうしよう。まずいな」といった不安にさいなまれることになると思います。

「to doリスト」は、とにかくやるべきことを何でも書いていく

苦手な時間、得意な時間を理解して予定を組む

自分を理解する、人間というものを理解する、という点ではもうひとつ、自分の苦手な時間、得意な時間を認識してスケジューリングしていく、ということが極めて大事になると私は考えています。そうすることで、仕事の効率はまったく変わっていきます。そのためにも大事になるのが、主体的にスケジュールと向き合う、ということです。

会社員の方は、会議やら定例ミーティングやら決まった出社時間やら、なかなか主体的

に時間をコントロールすることは難しいかもしれません。それでも、できるだけ自分がうまく効率的に動けるスケジューリングに挑むべきです。

例えば、取引先とのアポイントを決めるとき、「この日は日中、全部、空いています」といった決め方ではなく、自分に都合のいい時間を候補として挙げてみる。そうすることで、少しでも主体的なスケジュールが作れる。

私の場合は、先にも少し触れたように、朝が苦手です。これは高校時代からそうで、最初に勤めたアパレルメーカーを辞めたのは、朝が早かったことも理由のひとつだったりします。

そんな私にとって、朝の出社のないフリーランスという働き方は本当にありがたいものです。だから、午前中、実は私は執筆することはまずありません。朝は私にとって、苦手な時間帯だからです。

逆に最も頭がよく動くのは、夕刻の時間です。午後4時から7時までの3時間は、私にとってはゴールデンタイムです。この時間に、できるだけ重たい仕事を入れる。ちょっとやっかいな原稿作成、最終の推敲、本の構成を最終的に整えるときなどは、必ずこの時間帯に書くよう「時間割」を調整していきます。

こんなふうに、苦手な時間、得意な時間を自分で認識してスケジュールすることで、最も自分にとって都合の良い時間の使い方ができるようになるわけです。

朝は執筆しない。ゴールデンタイムは自分にとっては夕刻

苦手な午前中は、遅くまで寝坊してしまうこともありますが（睡眠時間を取ることは、良いコンディションを作る上で私にとって極めて重要だからです）、苦手な時間でもできることに充てています。

例えば、取材の予定を入れる。打ち合わせの予定を入れる。あまり頭の働かない状態で原稿を書くのはしんどいのですが、取材や打ち合わせなら別です。その場所に向かう間に

目も醒めますし、人と会うことになったらボーッとなどしていられない。

だから、取材や打ち合わせは、できるだけ午前中に入れています。とんでもなく忙しい著名な方々の場合は、取材予定がピンポイントで飛んでくることがほとんどですが、そうでないケースでは「取材はできるだけ午前中でお願いしたい」旨を、こちらから投げかけています。

そうすると、案外うまく午前中に入ったりするものです。主体的にスケジュールを組んでいくことができるのです。

よく仕事をしている編集者などは、私が取材を午前に好むことを知っていて、何も言わなくても午前中に取材や打ち合わせを入れてもらえたりします。

これが、何も言わずに「この日とこの日が空いています」と予定を出してしまったらどうなるか。例えば、午後3時から取材が入る、なんてことになるわけです。私の執筆のゴールデンタイムを使わないといけなくなってしまったりする（実際、何も指定しないと午後のど真ん中にアポイントが入ることは少なくありません。こういう日は丸1日、取材と打ち合わせだけの日にしてしまうこともよくあります）。

私の場合、特に今は書籍の仕事が多いので、月の前半はできるだけまとまった執筆時間を確保することが重要になります。午後まるまるかけて1章分を書く、というやり方が最も効率がいいからです。

それぞれの仕事で、どんな時間の使い方が最も理想的なのか、理解しておく必要があります。その上で、アポイントを主体的に入れていくのです。


原稿は朝は書きませんが、メールの対応は朝します。もっといえば、急ぎのメール以外は翌朝、対応していることが多いです。集中するためにもメールを見ないことも多いのですが、メール対応は意外に時間もかかります。必ずしも急ぎでないものもある。ゴールデンタイムを、そこに使うのは、あまりにもったいない。

そこで、午前をメール対応の時間に充てるのです。もちろんこれも、「時間割」として組み込んでしまいます。返信を忘れそうなものは、「to do リスト」に入れておきます。

最も効率良く仕事が進められるよう、自分にとっての苦手な時間、得意な時間を把握してスケジュールを組んでいく。そのためにも、自分を理解しておくこと、今の仕事をうまく進めるためにはどんな時間の使い方が有効なのかを理解することが、大切なのです。

第４章
時間の使い方の「やってはいけない」

時間の使い方を、考える時間を作る

私は文章を書く仕事を30年近くしていて、文章術についての本も複数出していることもあるからだとも思いますが、こんな質問が寄せられることがあります。

「文章が、なかなか書き進められないんです」

そういうとき、私が必ず繰り出す質問があります。

「書く前に、ちゃんと準備をされましたか？」

それこそ私には『文章は「書く前」に8割決まる』という著書もあるくらいですが、文章を書くには準備が大切なのです。これは次章でも詳しく書きますが、そもそも文章は「素材」によってできています。多くの方が勘違いしているのですが、文章、とりわけビジネス文章はひねり出すものではないのです。すでにある素材を組み替えて作っていくのです（それを実践すれば速く書ける、という話を次章でします）。

書く前の準備をしていない、というのは、その「素材」が準備できていないということです。言ってみれば、料理を作ろうとしたときに、材料がまったく揃っていないようなものです。それでは、料理ができるはずがない。同様に「素材」が揃っていないのに、文章が書けるはずがない。

実際、私は書く仕事をしているわけですが、ちゃんと準備をしていなければ文章を書くことはできません。空から言葉が降ってくるような天賦の文章の才を持っている人も世の中にはいるのかもしれませんが、少なくとも私は違います。

だから、準備しないで文章を書くことはしない。なぜなら、書けないから。効率が悪くなるから。うまくいかないからです。

どうにもうまくいかない、という多くの仕事で、実はこれが起きているのではないかと想像しています。準備がちゃんとできていないのです。それなのに、見切り発車してしまう。だから、途中で進まなくなったり、止まってしまったりするのです。

そしてこれは、スケジュールづくりでも同様だと思っています。スケジュールは、仕事において極めて重要なものです。それに従って、日々が動いていく。仕事が走っていく。それなのに、しっかりスケジュールと向き合えているかどうか。どうやって時間を使うかを、きちんと考えているかどうか。

先にも書いたように、時間の使い方こそ、人生そのものではないか、とすら私は思っています。日々は、どうやって時間を使っているか、で動いています。それが充実感を作ったりもするし、残念な印象を残したりもするのです。

時間の使い方こそ、人生の使い方。まずはこのマインドセットをしっかり持つことです。時間の使い方としっかり向き合っていないというのは、見切り発車で準備もせずに文章を書き始めるのと同じようなものです。これでうまくいくとはとても思えない。

だから必要なことは、どうやって時間を使うのかを、考える時間を作るということです。**スケジュールを作る時間、見直す時間、再考する時間、追加していく時間をきちんと取る。これをやらずに見切り発車するから、いつも時間に追われ、仕事に追われるようなことになってしまうのです。**

実際に私は先にも書いたように、必ずスケジュールを見直す時間を作っています。そして仕事を引き受けたら必ず「小分け」して、それを「to doリスト」に落とし込んでいく。「to doリスト」と空いている「時間割」を見比べながら、入れることができる枠に「小分け」した仕事を入れていく。

これを日々（多くの場合は仕事を始める朝か仕事を終えた夜です）、更新しています。急ぎの仕事が入ったりすると、余裕のある仕事を「時間割」の枠から外して、もっと後の日に持っていく。細かな調整をしていく。「時間割」が満杯になっていたら、残念ながら仕事はお引き受けできないと判断する。

無理にお引き受けをしたら、クオリティの保証ができません。それではむしろ、失礼に当たると考えています。自分でも不本意な仕事をするようなことにもなりかねない。

その判断をするためにも、日々、時間の使い方を考えていくことが大切になるのです。

スケジュールを見直す時間を必ず作る

時間にルーズな人とは、付き合わない

フリーランスとして25年やってきて、膨大な量の仕事をさせてもらってきました。「こんなにたくさん仕事をしているライターはいない」とお付き合いのある編集者に言われたことがあるとは先に書いたことです。

実際、どうしてこんなことができたのか。そのひとつの答えがあります。それは、仕事ができる人とだけ、仕事をしてきたからだと思っています。

今でこそ書籍の仕事が中心になりましたので、執筆時間の確定もゆるやかになり、比較的「時間割」は落ち着いたものになっていますが、かつて雑誌の仕事を中心にしていた頃は、とんでもない量の仕事が同時に走っていました。

そこで1本でも、ああでもない、こうでもない、ともたもたしてしまうと、「時間割」が崩れ、他の仕事に一気に余波が行ってしまいかねませんでした。そうならなかったのは、仕事をご一緒した人たちが、みなさんとても優秀だったからです。

もちろん、私も心がけていたことがありました。それは、仕事を出してくださった方が求めているものに確実に応える、ということです。

書く仕事をしていると言うと、ときどき勘違いされることがあるのですが、書きたいものを書いているわけではありません。もちろん、発注者から請われ、小説しかり、エッセイしかり、寄稿文しかり、書きたいものを書いてほしい、という要望を受ける人もいるでしょう。

しかし、いわゆるライターと呼ばれる仕事は、「こんなものを書いてほしい」という要望があって、それに応える仕事なのです。

そうなると重要なことは、発注者が何を求めているか、を的確につかむことです。それこそ、どんな原稿を出せば100点になるのか、打ち合わせ時にしっかり追求しておかないといけない。それがイメージできて初めて、求められるものができると私は考えていました。

だから大切なことは、何が求められているのかを、きっちりとヒアリングすることです。そして擦り合わせをしていく。**ここで相手に答えがない場合は、危険です。なぜなら、答えのないものを作らないといけなくなるからです。だから、答えを一緒に決めていく。**

そしてここで、はっきりした答えが出てこない、あるいは決められない人とは、仕事をしないよう心がけました。後で困るのは、自分だからです。

同様に仕事をしないと決めていたのは、時間にルーズな人です。きちんと約束を守ってもらえない。例えば、いついつまでに資料を送る、と言われていたのに、送られてこない。もし「時間割」をその予定で組んでいたら、しかるべき仕事ができなくなります。

また、打ち合わせに遅れてやってくる人。もちろん、不測の事態もあるわけですが、そうでないときに平気で遅れて来る人もいました。そういう人は、あらゆるところで、そうなのだと思います。人の時間を奪っても、まったく気にしない人です。その後の仕事がどんなふうになってしまうか、想像がついてしまいます。

さらには、締め切りを守らない人。私自身がきっちりと締め切りを守りますので、締め切りを守らない人とは仕事はしません。どんなに高いクオリティを持っていても、です。これにはいろんな意見があると思いますが、それが私の考え方です。そういう人は、締め切りに遅れても構わない、という人と仕事をご一緒すればいいだけのことです。

私が最も嫌うのは、余計なことで振り回されることや、余計な時間を奪われることや、ギリギリの時間になって焦らされるような状況が作られることです。だから、そういう状況にならないように心がけています。

もちろんこれは、私がフリーランスだから、できることかもしれません。ただ、自分は何がイヤで、こういう人とは付き合いたくない、と定めておくことには大きな意味があると思っています。それができるようになったときに、実践すればいいからです。

思わぬところで自分が足元をすくわれないためにも、時間との付き合い方をシビアにしておく必要があると私は考えています。

「無駄な時間」を、あえて意識して過ごす

時間をうまく使いたいというとき、最も避けなければいけない時間の使い方は、何に使ったか覚えていないような時間を過ごしてしまうことです。何をやっていたのか、はっきりしない。意味のない時間の使い方をしてしまった。

まさに先の「過去に何をしていたか、スケジュールを書いてみる」ことによって、この

時間があぶり出されてくるわけですが、では、どうすればこういう時間を減らしていくことができるのか。

端的に、何に今、時間を使っているのか、ということをちゃんと意識することです。それがしっかり意識されていないから、そういう時間が生まれてしまう。

逆にいえば、無駄なことをしていてもいいと私は思っています。時間をうまく使いたいから、とすべての時間を意味のあることに使え、意味のないことをするな、とは申し上げるつもりはありません。

というのも、無駄なことをするのは、意外に大事だからです。

たくさんの人に取材したり、自己啓発的な本を書いていることもあり、ビジネス雑誌やウェブサイトから私は取材を受けることがときどきあります。

今もよく覚えている取材が、「ビジネスパーソンにお勧めする本はどんなものですか？」というテーマの雑誌でした。

私が出した本は、小説でした。私は仕事でビジネス書を作っているわけですから、雑誌からすれば当然、ビジネス書が挙がってくるものだとばかり、思われていたようです。そこに小説、しかもビジネス小説のようなものではなく、純文学を出したので驚かれたのでした。

仕事に役立てる、という点では、ビジネス書には大きな意味があると思っています。しかし、本当にビジネス書だけが仕事に役立つのか、といえばそういうわけでもない。

例えば、小説家が描いているのは、人間の機微です。仕事も人と人とでするものですから、人間とは何か、を理解しておくことは大いに役立つと思います。

ただもっというと、私自身は、仕事に役立つ本だけ読んでいればいいのか、とも思っています。何でもかんでも仕事に役立てよう、スキルに直結させよう、としなくてもいいのではないか、と。

それこそ、人生そのものを豊かにする、ということをもっと考えたほうがいい。小説を読む時間というのは、それをもたらしてくれると私は思っています。なので、実は私自身、ビジネス書はほとんど読みませんが、小説はよく読みます。

そして小説家にも、たくさんインタビューしました。衝撃的な作品を出した作家、大ベストセラーを出した作家など、数多くの小説家に会いましたが、率直な印象でいうと、彼らは神様に選ばれた人たちではないか、という思いでした。

でなければ、あれだけの物語が出てくるとは思えない。そう考えたら、神様のメッセージとして受け止めて読むべきだと思っています。

何でもかんでも仕事に役立てよう、スキルに直結させよう、としなくてもいい

もちろん限られた時間を、自分を成長させる時間に使っていくのは、大切なことだと思います。ただ、「成長するには、こうしたほうがいい」という合目的的なことだけが、必ずしも自分を成長させるわけではない、ということも知っておいたほうがいいと思います。

実際、起業家しかり経営者しかり、「こうなるためにこうしてきた」と、必ずしも合目的的に語れるわけではない、と言われていた人も多かった。目の前に差し出された偶然の情報や人との出会いが、大きな成長をもたらすことも少なくなかった、と。

また、アイディアは多くの場合で、異質なものの組み合わせだったりします。それは、合目的的なアクションだけでは、なかなか生み出せない。むしろ無駄だと思えるようなことをしていくことで、思わぬ情報がインプットされ、新しい仕事や人生が開けていくことは多いと思います。

無駄な時間を過ごすことは、むしろポジティブです。ただ、それを自分で意識しながら過ごすことです。

テレビを見ない、と決めるだけで

意識しないまま、いつの間にか経過してしまう時間といえば、もしかするとこれが最も大きなものかもしれません。テレビです。一度、スイッチを入れてしまうと、なかなか消せない、という声もよく聞こえてきます。

でも、それは当たり前だと思います。テレビというのは、頭のいい人たちが、どうにかしてスイッチを消せないよう、チャンネルを回さないよう、必死で知恵を絞って、できているからです。以前、大手の芸能事務所の著名なマネージャーに取材で聞いた話でした。

一度、つけてしまうと、そうそう消せない、というのは当たり前のことだと思います。それだけの努力が、テレビの制作側では行われているのです。

だからこそ、ずっとつけっぱなしで見てしまうようなことが起こる。ダラダラと長時間、テレビの前で過ごすようなことが起きてしまうのです。

私は今なお、人生で最も充実していたのは、大学受験のあった高校3年のときだと思っているのですが、そのときにはっきりと覚えていることがあります。それは、テレビを見ない、と決めたことです。

実のところ、テレビは家族が集まる食卓にしかなかったこともあり、もともとそれほどテレビを見ることはなかったのですが、高校3年のときにきっぱりやめてしまいました。おかげで、いろいろなことをする時間を作ることができたのです。

以後、大学進学で上京してからも、社会人になってからも、ほとんどテレビは見ません。話題のドラマを見ることも滅多にない。あるなら、日本代表クラスが出るスポーツか、あるいはニュースくらいです。

このテレビを見ないという習慣は、とても良かったと思っています。

個人的にテレビの何がいけないのか、と考えるに、受動的だからです。テレビは、すべて相手からの一方通行です。録画をしたりもできるわけですが、基本的には時間の手綱は相手が握っている。

そうすると、こちらで時間のコントロールができない。しかも、放っておくと、いつまでも受動的に過ごすことができてしまう。

冒頭でも書いたように、時間の使い方で重要なことは、いかに主体的に自分で時間をコントロールできるか、です。受動的に長時間過ごせてしまうテレビは、そこにおいて、極めて危険な存在だ、ということを認識しておく必要があると思います。

衝撃的な話を聞いたのは、インド人の資産家の書籍をお手伝いしたときでした。これは世界中でいろいろな調査があるようなのですが、「裕福でない人」の習慣で、多くの時間を占めているのはテレビだというのです。

そして彼はこうも言っていました。世界中のお金持ちに会ってわかったことは、お金持ちはテレビをほとんど見ないということだった、と。家にはテレビがない、と語っていたお金持ちもいたそうです。

それは、テレビが受動的で圧倒的に多くの時間を奪うことを知っているからです。意識しないまま大切な時間を無為に過ごしてしまう危険に気づいているからです。

テレビをまったく見るな、とは言いませんが、テレビをよく見る人は、それを減らすだけでも時間のゆとりが生まれると思います。時間を定め、番組を決め、消す勇気を持つ。

そもそも、本当にそのテレビ番組を見る必要があるのか、よく考えてみるべきだと思います。意外に惰性で見続けているだけ、という人も少なくない。では、その番組を見なかったとしたら、自分に何が起こるのか。意外に何も起こらないかもしれない。実は、自分の人生には何も、もたらさないかもしれない。

では、小説が良くてテレビがダメなのはなぜか。ある経営者は、テレビの時間効率の悪さを指摘していました。時間がかかる割に、実は入ってくる情報は多くない、と。

本当にテレビを見る必要があるのか。それが、どのくらい自分の時間を奪っているのか、冷静に考えてみるべきなのです。

テレビは時間がかかる割に、実は入ってくる情報は多くない

SNSは投稿と見る時間を定める

今では、もしかするとテレビ以上に時間を使ってしまっている、という人も多いかもしれません。インターネット、とりわけSNSの利用です。

私にとっては、いろいろ観察したり、アイディアを出したり、メール返信をしたりする貴重な時間として使っている電車の中ですが、見渡せば、ほとんどの人がスマートフォンとにらめっこしています。

ホームでも同様ですし、社内でも同様。客観的に見てみると、実は驚くべき光景でもあります。数年前は、まったく見られなかった光景だからです。なんともすごいものが世に生み出されてしまったのだな、と思います。

それだけ人を惹きつけるものなわけですから、注意しなければならないでしょう。それこそ、中毒性がある、と言っても過言ではないと思います。だからこそ、子どもには触らせない、と語っていたIT企業の経営者もいました。

私はSNSはフェイスブックしかやっていませんが、たしかに面白さはあります。いろいろな人の、いろいろな投稿が流れてくる。驚く情報があったり、大きな学びを得られたりすることもあります。

私自身も投稿しますが、反応してもらったり、コメントしてもらったりすることは、とてもうれしい。私はフェイスブックだけですが、さすが、世界で数億人もの人が、使っているSNSだと感心もします。

ただ、だからこそ気をつけなければいけないとも思うわけです。ものすごく頭のいい人たちが、少しでも長い時間、画面を見てもらおうと知恵を絞っている。それはテレビと同じ構図でしょう。

実際、我が家もそうですが、中高生の子どもを持つ親の心配のひとつが、子どもたちがスマートフォンを手放せないことです。テレビと違って、どこにでも持ち運べますから、それこそ起きている時間中、インターネットにつながっていれば、見ていられる。

食事中も見たくてしょうがない。誰かが何か、面白いことを投稿しているかもしれない。友達の投稿にも反応したい。著名人の新しい投稿も見たい……。

子どもたちの楽しみを否定するつもりはありませんが、私がひとつシンプルに思っているのは、どんなに長時間、スマートフォンと向き合ったところで、すべてのSNSを見ることはできない、ということです。

ならばなぜ、そんなに長い時間、SNSとにらめっこしていなければいけないのか。見たいものだけ、見ればいいわけです。

もうひとつは、長時間をかけて見るに値する価値があるか、です。私自身も楽しみや学びもあるわけですが、では投資した時間に対して、どれだけの価値を得られているか、冷静に考えてみる必要があると思うのです。

それなら、他のことで楽しみや学びを得られるかもしれない。

なので、私はSNSは時間を定めています。投稿するのは、夕刻の時間。仕事を終えてホッとする時間に見てもらえたら、という思いからです。そのほうが、見てももらえるだろう、と。見てもらうために投稿するわけですから。

一方で、タイムラインを眺めるのは、1回で長くて1、2分。これを習慣化しました。要するに、ダラダラ追いかけない、ということです。1日に何度かアクセスしているのだと思いますが、10回のアクセスでも1回1、2分ですから、せいぜい1日10〜20分。実際には、もっと少ないと思います。

とても全部は見きれないし、時間の投資効果を考えれば、これで十分だと思います。もっといえば、人生に本当にSNSは欠かせないものなのかどうか、日々の充実になくてはならないのかどうか、SNSをやっている自分が理想とする自分なのか、それを冷静に考えてみるべきだと思います。

そこに気づいて、あっさりやめてしまっている人も増えています。やめたところで、人生に大した影響はない、と私も思っています。そんなものに、長時間、充てるのはあまりにもったいない。ただ、それだけのことだと思い切れるか、です。

ＳＮＳは、見る時間を定める

仕事時間を短縮していく方法

毎月1冊、本を書いているというと驚かれる、とは先にも書いたことですが、私は書くのが速いほうだと思います。なので、「どうすれば仕事を早くできるか」「仕事時間を短縮する方法はないか」と聞かれることが少なからずあります。

これは次章でも書きますが、もともと私は文章を書くことが嫌いで苦手でした。実は本もほとんど読まなかった。そんな私が文章を書き、本を書くことで生計を立てているわけですから、本当に不思議なのですが、そのきっかけは広告への興味でした。

私が学生時代を過ごしたバブル期、注目されている職業のひとつにコピーライターがあったのです。広告コピーは文章を書く仕事というよりも、言葉を見つける仕事だと思っていました。憧れは捨てられず、私は一度、就職した大手アパレルメーカーから転職して、この職業に就くことになったのでした。

ただ、私が携わることになったのは、リクルートが発行している求人メディアでの広告でした。ポスターにキャッチフレーズを1行書く、というものではなかった。求人広告ですから、しっかりと情報を提供していく必要があったのです。

ここから、私は苦手な文章を書かなければいけなくなっていきます。それこそ始めたばかりの頃は、300文字を書くのに1日かかっていたような有様でした。どうやって文章を書いていいかわからなかったのです。

そんな状況から、文章がだんだん書けるようになっていったのは、大きく2つの理由があると思っています。ひとつは、膨大な量の仕事をしたこと。そしてもうひとつは、常に効率を意識したことです。

当時のリクルートでは、猛烈に仕事をしている人が少なくありませんでした。私自身、やりたい仕事に就いたこともあって、その渦の中で膨大な量の仕事をすることになりました。会社でも、量に目標がありましたが、それもひとつのモチベーションになっていました。

改めて思うのは、**やはり量をこなしていかないと、仕事は早くなってはいかない、ということです。というのも、追い詰められることで、どうすれば効率良く仕事を推し進めていけるかを、考えていかざるを得なくなるからです。**

それこそ、のんびりゆったりと仕事をしていたら、いつまで経っても仕事のスピードは速まっていかないと思います。ある意味、仕事に追い立てられ、急いでやらなければいけない状況に追い込まれることで、仕事のスピードは速まるのです。

ただ、これは自分で意識してできることだとも思います。いつもは2時間かかる仕事を、1時間30分でやろうとしてみる。私は「自分に負荷をかける」と呼んでいますが、その意識を持つことで仕事のスピードを速めていく。

もしかしたら、インセンティブは「早く帰りたい」「早くやりたいことをする時間に向かいたい」ということでもいいかもしれません。そのために、仕事を急ぐ。どうすれば、もっと早く効率的にできるのかを、考えて仕事をする。

リクルート時代も膨大な量の仕事をしていたつもりでしたが、実はフリーランスになってからは、当時の3倍の仕事をするようになった、とは先にも書いた通りです。これは、頑張りが収入に直結する、というインセンティブも大きかったと思います。

ただし、やみくもに仕事を受けていたら、パンクしてしまいます。受けられるギリギリのところで判断する。そこで「小分け」「時間割」が生きました。

私の場合は、時間割は1時間単位ですから、早く終われば次の時間枠まで休憩ができる、というのもインセンティブのひとつでした。そうすることで、もっと早く仕事を終えられないか、どうすれば終えられるか、考えるようになりました。

もっと仕事を入れられるように、1時間枠を45分にしたり、30分にしたり、といった取り組みをしていた時期もあります。そうすると、受けられるギリギリがまた広がる。

私の場合、インタビューの仕事がやがて分厚い冊子や本の仕事へと広がっていきましたから、そこでまた量と効率を意識することになりました。

いずれにしても、負荷をかけていかないと、なかなか仕事時間は減りません。これもまた、意識してやっていく必要があります。

自分に負荷をかけていかないと、仕事時間は減っていかない

「これはやらない」大切さ

フリーランスになってから、社員時代の3倍の仕事をするようになった、と書きました

が、その過程では、**仕事を増やしていく一方で、自分で決めていったことがありました。それは、「これはやらない」ということです。**

自分の成長につながるのであれば、いろんな仕事を引き受けたほうがいい。ご縁や偶然を大事にすることで、キャリアは思わぬ方向に広がっていく。依頼をされること、そのものが価値……。

後に詳しく書きますが、実はこんな価値観を持って私は仕事をしてきたのですが、一方ですべての仕事を無制限に受け入れてきたのかといえば、それも違います。その判断基準になったのが、時間でした。

例えば、自分に合わない仕事、自分の苦手な仕事。私は技術や科学に関するインタビューなどもたくさん行っていますが、仕事を引き受けるかどうかには、明確な一線を引いています。

それは、読者が誰か、ということです。難しい技術や科学の話でも、読者は一般の人、素人の人であれば、お引き受けします。それは、読者の立場が私自身にもよくわかるから。それこそ、私の目線を読者に合わせていくことができるからです。

一方で、技術や科学の専門家を読者対象にした仕事があります。これは、お引き受けしません。なぜなら、専門家の目線が、私にはないからです。何を書けば、専門家に喜んでもらえるのかがわからない。**私はこれを「相場観」と呼んでいますが、相場観のわからない仕事をすることは、極めて危険だからです。**

時間もかかってしまうし、そもそも仕事の発注者、さらには読者の期待に応えられない。それでは、価値を生み出すことはできません。私よりも適任者がいるはずなのです。

確実に時間通りに仕事を進められるのは、自分にできない仕事は引き受けないからです。

もうひとつ、受けないようにしていたのは、時間を考えると割に合わない仕事です。もうずいぶん前になりますが、大手企業の仕事で、報酬はいいけれど、とにかく手間がかかる仕事がありました。何度も事前予定のなかった打ち合わせに呼ばれる。夜に指示が来て、朝までの仕事を依頼される。これもまた、お断りしました。

たくさんの仕事をお引き受けできているのは、スケジューリングがきちんとできているからです。そこに予定外の打ち合わせやら指示やらがどんどんやってきてしまうと、他の仕事に余波が出てしまいます。それこそ、朝一番に取材が入っているのに、夜遅くに連絡をもらっても困るのです。

条件はたしかにいい。しかし、それは本当に割に合うものなのかどうか、見極める必要があります。手間としてどうか。かかるトータルの時間としてどうか。

それこそ、言ってみれば、チラシに出ていた10円安い野菜を買いに、電車賃を使って隣の駅まで買いに行く、なんてことにもなりかねない。

もちろん、そういう仕事が好きな人もいます。それは、個人の価値観の問題です。そういった意味で、価値観をはっきり定めたほうがいい。それをしないと、ストレスになりかねません。

私は、ゴルフをやりません。それは、とても時間のかかるスポーツだからです。パーティにも基本的に行きません。仕事を獲得できる場、という考え方もあるかもしれませんが、私自身はそれ以外の場で期待したいと思っているからです。

ビジネスランチもしません。情報収集のために、ランチの時間を効率的に使ったほうがいい、というのはひとつの考え方かもしれませんが、私はランチくらいは仕事を忘れて、おいしいご飯を食べたいと思っています。

何に価値を置き、何に時間を使うか。どんな仕事が自分に合い、どんな仕事はしないほうがいいか。もちろん組織の中にいると、それをすべて叶えることは難しいかもしれませんが、頭に入れておくことは重要だと思います。

最もやってはいけないのは、自分が価値を認めていないものに、時間を使ってしまうことです。それは、あまりいい日常を、もっといえば、いい人生をもたらさないと思っています。

コンディションを整える

もうひとつ、時間の使い方でひとつこだわっているのは、身体のコンディションを常に意識することです。常に最高の状態になることを目指す。脳がいい動きをするよう、意識する。このことが、仕事の効率、時間をうまく使えるか、ということと大きく関係してくるからです。

徹夜は絶対にしない、とは先にも書いたことですが、はっきりとした理由があります。それは、徹夜をしてしまうと、翌日に大きなダメージが残るからです。体調が良いはずもなく、頭の働きもいいはずがない。

そんな状態で仕事をしても、はかどりません。効率も上がらない。楽しい仕事ができるとは思えないし、いい仕事ができるとも思えない。だから、絶対に徹夜などしないように毎日をスケジューリングしているのです。

もとより私は、眠らないとダメな人です。1日の睡眠時間が3、4時間でもまったく平気、という人もいますが、私は絶対にそうはいきません。7、8時間、最低でも6時間は眠っていないと、翌日すっきりしない。うまく頭が働きません。

だからこそ、睡眠時間はとても気をつけています。朝が弱いとは先にも書いたことですが、睡眠をたっぷり取りたいからこそ、朝が弱いのです。

過去に負荷がかかったスケジューリングをこなしていくことができたのも、とりわけ睡眠時間を中心に、コンディションをうまく整えることができたからだと思っています。ぼんやりした状態では、それはできなかった。

睡眠以外では、週末にランニングをしています。有酸素運動をすることで、脳にたっぷり酸素が送られて、翌週の仕事がスムーズに行くような気がする、という何の裏付けもない思い込みも多分にあるのですが、何よりランニングで汗をかくのは、ただ単に心地良いのです。ランニングは、身体的にも精神的にも、コンディションを整えてくれると思っています。

週末は多くを家族と過ごしていますが、ここで気をつけているのは、予定を詰め込み過ぎないようにすることです。

平日は「小分け」「時間割」でびっしりスケジュールが入っているわけですが、休日はそんなことはしない。仕事をすることもまずありません。家族の買い物に付き合ったり、旅行に行ったり、ゆったり食事に出かけたり。家で読書をしたり、映画を観ることもありますが、ものすごく適当です。

休日もしっかり予定を組んで、何より効率よく過ごしているのではないか、と言われることもあるのですが、そうではありません。

これには実はひとつ、理由があります。脳科学者の人から、人は脳を整理するために時間が必要になる、という話を聞いたことがあったのです。そして男性の場合は、脳を整理するのに何が必要になるのかというと、ボーッとする時間なのだそうです。

振り返ってみれば、中学や高校の頃、何をするわけでもなくボーッとしていた時間があったことをよく覚えているのですが、あれは科学的に意味があったのだということを教わったのでした。ボーッとすることで、脳の中を整理していたのです。

なので、男性にはボーッとする時間が必要だ、と言われていました。それを聞いて以来、意識してボーッとする時間を作っています。家族と一緒に過ごしながら、そういう時間を持つことが最近ではとても心地良くなっています。

それを考えると、片時もスマートフォンを手放せない今の若い人を見ていると、なんとも気の毒だなぁと思ったりします。ボーッとすることが、脳にとっては極めて大事なのに、です。個人的には、せめて電車の中くらいはボーッとすることをお勧めします。

ちなみに女性はどうやって脳を整理するのかというと、しゃべることによって、なのだそうです。おしゃべり好きの女性、というのは、きちんと科学的にも意味があったのですね。そして女性から話しかけられたときには、聞いてあげることこそが大切、ということも教わりました。

ボーッとすることで、

脳の中が整理できる

第5章
「書く時間」を短くできると、時間ができる

苦手意識があったり、嫌いだったりしても、なんとかなる

仕事を効率化して時間を捻出する。もしかしたらこれこそ、その方法のひとつになるかもしれません。文章を書く時間を短くすることです。

メール、日報、企画書、パワーポイント、レポート……。今ほど文章を書くことが仕事に求められる時代は、かつてなかったのではないかと思います。

私が社会人になったばかりの頃は、多くの企業でようやくパソコンがオフィスに入ってきた時代。新卒で入社したアパレルメーカーで、2年目に6人がけのテーブルにひとつ、パソコンが導入されたときのことを今も覚えています。

それでも文章を書かなければいけなかったのは、営業日報くらい。苦手意識が強かった書くことで苦労した思い出は、まだ当時はほとんどありません。

ところが、今やパソコンが一人一台は当たり前。仕事にどんどんコンピュータが入りこむことで、文章を書かなければいけない機会が格段に増えました。おまけにプライベート

でも、SNSやら無料通信アプリやら、書く機会がたくさんあります。もし私が苦手意識を持ったまま、今のような書くことの多い仕事環境に放り込まれていたら、ものすごく苦労していたと思います。

先にも触れたように、文章を書くのは苦手で嫌いだったからです。小学校の頃、最も嫌いな夏休みの宿題は、読書感想文でした。中学でも高校でも作文は大嫌いで、大学時代もレポートは資料を丸写ししているような有様でした。

まさか自分が後に、文章を書くことを生業にしていく、ましてや毎月1冊、本を書いているなどということは、まったく想像もできないことでした。

ただ、逆にいえば、そんな状況からでも文章は書けるようになる、ということでもあります。苦手意識があったり、嫌いだったりしても、なんとかなる。実際に、私がそうだったわけですから。

ましてや今は、文章が苦手、嫌いと言っていたら、仕事の効率が甚だしく落ちてしまう時代でもある。それこそ、1通のメールを書くのに15分かかる、という話を耳にして、それをタイトルに使ってウェブサイトの記事を書いたら、大変なアクセスを記録してバズったこともありました。

書くことで時間がかかって困っている、という人は想像以上にいるのだ、ということを改めて知りました。

そしてこれは極めて逆説的なことなのですが、文章が苦手で嫌いで、それを職業にしてしまったからこそ、見えてきた光景が私にはあったのです。もし、私が文章が得意で、そのまま書く仕事を生業にすることになったら、「どうして人は文章に苦手意識を持ったり、嫌いになったりするのだろう」などということはまったく考えなかったと思います。

ところが、私自身が苦手で嫌いだったからこそ、どうしてかつて自分が文章を書けなかったのか、何が自分を苦しめていたのか、文章とはいったい何なのか、自分で追求することになっていったのです。

私には、『書いて生きていく　プロ文章論』『超スピード文章術』『ビジネスにうまい文章はいらない』『これなら書ける！　大人の文章講座』などの文章の書き方の本がありますが、これも私が文章が苦手で嫌いだったからこそ、書けた本でした。もし私が書くことが得意だったら、きっと気づけなかったし、本も書けなかったと思います。

そして、どうして自分が書けるようになったのかを理解したのも、文章の書き方の本を依頼されてからでした。自分がいったいどうやって書いているのか、言語化することに挑むことになったからです。

書くことが苦手だったから、気づけたことがある

文章が書けない、という人が持つ呪縛

まず、とりわけビジネスの文章に関しては、私は書けなくて当たり前だと思っています。

理由はとてもシンプルです。そもそも、ほとんどの人が、書き方を教わっていないからで

す。企業によっては、ビジネス文章を書くための研修をするところもありますが、ほとんどない。これが現実のはずです。

では、大学時代にあったのかというと、文章をどうすればいいのか、などという授業はない。論文を書いたり、学術的なレポートを書くことはあっても、ビジネス的な文章を書く機会はないのです。

もちろん高校時代にビジネス文章を教わることはありません。要するに、教わっていないのです。教わっていないのに、社会に出たら突然、書かなければいけないのがビジネス文章なのです。

実際には、文章を習ったのは小学生の作文かもしれない、という人も少なくないのではないかと思います。これがまた、大きな落とし穴になっています。

なぜかといえば、ビジネスで求められる文章と、小学校の作文で良いとされた文章とでは、まるで違うからです。小学校で教わったのは、文豪が書いた名文だったり、評論家の難解な文章だったり、あるいは作文の得意な同級生が書いたコンクールに入賞しそうな文章だったりしたのではないでしょうか。

実は、私もそうだったのですが、多くの人はこのときの「呪縛」にさいなまれているのだと私は思っています。何かと言えば、小学校のときに教わった「うまい文章を書かないといけない」という呪縛です。しかも、そのお手本が、先の名文だったり、新聞のコラムだったりするわけです。

しかし、実際のビジネスの場面で、そんなものを求めている人は果たしているのかどうか。メールの文章に、ハッとするような形容表現はいらないし、企画書にウィットに富んだフレーズは必要ないのです。

むしろ、凝った文章を使っていたりすると、「なんでこんなに難しい言葉を使おうとするのか」などと、うがった見方をされてしまいかねない。

にもかかわらず、文章を書くときには「うまい文章を書かないといけない」と身構えてしまう人が、とても多いのです。これこそが、小学校以来の「呪縛」です。まずは、このマインドコントロールを解くことです。

うまい文章を書かないと

いけないという
マインドコントロールを解く

では、ビジネスの場面では、どんな文章が求められるのか。それは、端的に「わかりやすい文章」です。もとより文章というのは、情報伝達の手段、ツールに過ぎません。目的は、文章そのものにあるわけではまったくないのです。情報を伝達すること、こそが目的です。内容が伝わればいいのです。そのためにも、「わかりやすい文章」が重要になるのです。

むしろ、「うまい文章」を書いたとしても、相手に伝わらなかったらまったく本末転倒です。それでは、文章の目的を果たすことができない。

実際、私は30年くらい書くことで食べているわけですが、常に目指してきたのは「わかりやすい文章」です。「うまい文章」を書こうと思ったことなど一度もない、といっても過言ではありません。それは、目的ではないから。作家ではないからです。

それよりも、「わかりやすい文章」を書く。逆にいえば、それをご評価いただいて、たくさんの仕事を頂戴することができてきたのだと思っています。「わかりやすい文章」で十分だし、それこそが求められているということなのです。

「わかりやすい文章」とは、誰にでも理解できる平易な言葉や表現で、文章を書いていくことです。私はよく「しゃべるつもりで書く」と言っていますが（実際、しゃべりながら書いていることもあります）、大人の会話レベルの語彙や内容で文章を構成していくことです。

うまく書く必要なんてない。文章は単なる情報伝達のツールに過ぎない。そのことに気づけるだけでも、書くときにハードルは大きく下がると思います。

速く書けるようになる秘訣

苦手だった文章が書けるようになった自分の経験をひもとくプロセスで、私は「書くとはなんぞや」ということを理解するに至りました。そして、だからこそ私は速く書けているのだ、ということにも気づきました。速く書くには、秘訣があるのです。

端的にいえば、それはこういうことです。文章に必要なのは、「表現すること」ではなく、「書く内容／素材」だということです。

このことに明確に気づかせてくれたのは、無料通信アプリ「LINE」が爆発的に広がっていったことでした。文章が得意ではない、メールも好きではない、などと言っていた人たちが、LINEは嬉々として使っていたからです。

もちろん、仕事で使うか、プライベートで使うか、ということの差はあったかもしれません。それにしても、どうしてあれほどまでにLINEは支持されるに至ったのか。

実際、文章を書くことは嫌いだけど、LINEはやっている、LINEは好きだし楽しい、という人が当たり前のようにいました。これが私には、不思議でならなかった。

そしてわかったのでした。どうして、LINEなら書けるのか。それは、表現しなくていいからです。先にも触れた、うまい文章など、書かなくていいのです。だから、書くストレスがなくなっていった。

では、表現せずに何を書いていたのか。用件だけを書いていた、ということです。要するに、**文章の「内容／素材」です。内容／素材で、十分にコミュニケーションができていた、ということなのです。**

それなのに、ＬＩＮＥを離れて、例えばメールを書こうとすると、みんな固まってしまう。「文章」を書かねば、と身構えてしまう。表現しないといけないんじゃないか。文章が下手くそだと思われてしまうんじゃないか。失礼なことになりはしないか、もっとうまい文章にしなければ、などと頭をめぐらせてしまう。

もちろん、ＬＩＮＥほどカジュアルではちょっと問題があるかもしれませんが、コミュニケーションのツール、ということでいえば、同じことです。大事なことは、用件がちゃんと相手に伝わること。内容をしっかり理解してもらうことなのです。

文章を書くときに、人を苦しめるもの。それは端的に「表現」だと私は思っています。何かいい表現をしないといけないのではないか。まさに、先の「うまい文章を書かないといけない」呪縛の現れがこれです。

そしてその最も象徴的なものが「形容詞」です。なんとかうまく形容する言葉、見事に表現する言葉を見つけようとして、時間がかかってしまう。言葉探しに手間がかかってしまう。

しかし、本当に形容することが、伝わる文章なのでしょうか。うまい文章なのでしょうか。むしろ、逆なのではないか、と私がよく使う例があります。例えば、「ものすごく寒い」をどう表現するか。

小難しい形容詞を考えるよりも、「内容／素材」を書いたほうが、よほど伝わるのではないでしょうか。

・温度計はマイナス15度を指していた
・軒下のツララは、30センチもの長さだった
・子どもたちの息はあっという間に真っ白になる

いずれも事実を書いただけです。しかし「ものすごく寒い」ということがわかります。実際、形容詞で「ものすごく寒い」と書くよりも、よほど伝わることがおわかりいただけると思います。

つまり、「内容／素材」をこそ書けばいいのです。表現＝形容詞などいらないのです。時間をかけて表現などを考えるよりも、どんな「内容／素材」を書けば相手に伝わるか、をこそ考えればいいのです。

私はまさにそうやって、文章を作っています。実際、形容詞はほとんど使いません。だから、文章を書くときに悩むことはない。だから、速く書けるのです。

形容詞を考えようとするから、時間がかかる

「素材」さえあれば、文章にはまったく困らない

では、文章を構成している「内容／素材」とは何か。私は端的に「文章の素材」と呼んでいるのですが、これには大きく3つがあります。

・事実
・数字
・エピソード

です。この3つの「素材」をどんどん書いていけばいいのです。逆にいえば、この3つの「素材」がなければ文章を書くことはできません。私にもできない。そうすると、表現だけで、文章を書かないといけなくなります。だから、時間もかかるのです。

要するに、文章はゼロからひねり出して作るもの、ではないのです。すでにある「素材」を書けばいいのです。

文章は「事実」「数字」「エピソード」の3つの素材からできている

そしてここで大事になるのが、メモを取ることです。なぜなら先にも書いたように、人間は忘れてしまう生き物だからです。そうすると、いざ訪問先から会社に戻って書こうとして、「あれ、思い出せないぞ」ということになる。

例えば、新しくできた取引先の物流センターを視察に行ったとしましょう。簡単なレポートを書いて部内共有をしなければいけなくなった。こういうとき、ついやってしまうのが、

「巨大な」

「最新鋭の」

「膨大な数の」

といった形容をしてしまおうとすることです。そして、こうした形容の言葉を思い出そうとして、デスクの上でウンウンうなることになる。これは苦しいし、時間もかかるのは当然です。

では、「素材」で考えてみましょう。事実、数字、エピソードです。

「東京ドーム10個分の大きさだった」

「昨年、アメリカの大手L社が開発したばかりのベルトコンベアーを導入していた」

「８００台のトラックが待っていた」

どうでしょうか。形容詞と事実と、どちらが部内共有で新しい工場についてイメージをしてもらえるでしょうか。

したがって、視察に行ったときには事実、数字、エピソードを意識してメモを取っておく必要があります。それをしっかりメモできていれば、もう安心です。会社に戻ったら、それを組み替えて、文章にしていけばいいのです。

伝える、とはつまり、相手に追体験してもらうことだと私は思っています。どんなふうに伝えれば、相手に自分がしてきたことを追体験してもらえるか。それを意識して、素材を捉えていくことです。

そして素材は「聞いたこと」ばかりではありません。追体験ですから、「見たこと」も素材です。もっといえば、「触れたこと」「匂い」もでしょう。つまりは、五感です。五感で感じたものすべてが、素材になるのです。

書く仕事をしている人は、新聞記者であれ、雑誌記者であれ、私であれ、要するにこの素材を取材で取りに行っているのです。取材とは、材を取ること。素材を取ってくることです。この素材がなければ、記者も私も文章は書けないのです。

そして書くプロはみんな、メモを取ります。ノートを取ります。ICレコーダーを回しますし、スマートフォンのカメラで写真を撮ったりもします。素材を手に入れるために、五感をフル活用しています。

これがあれば、書くときに「ウンウン」しなくていいのです。実際、特にビジネス系の記事に目を凝らしてもらえたらと思います。表現などほとんどありません。記者が取材で手に入れた「素材」で文章は構成されているのです。

伝える、とはつまり、相手に追体験してもらうこと

最も効率良く書ける方法を考える

どうして月に1冊、本が書けるのか。多くの人が驚かれるのは、ゼロからつむいで文章を作っていると思われているからかもしれません。しかし、私の場合はそうではありません。

例えば、ブックライターとして他の著者の方の本をお手伝いして書くときには、10時間ほどのインタビューをします。ブックライターという仕事は、勝手に創作して書くわけで

はないからです。

コンテンツは、あくまで著者の方が持っているもの。それを取材によって引き出し、引き出された内容を文章の素材にして文章を書いていく。素材がしっかりあるから、それを組み替えていくだけで書き進めることができるわけです。

そして書き上がった原稿を著者に見てもらい、細かなところを調整していく。最後は、編集者が整えていく。そうやって本に仕上げていきます。

一方、自分の本を書くときには、自分で「素材」を整理していきます。先にも書いたように、1日ですべての素材を出そうとは考えません。何日もかけて、いろんな場所で考えたりして、たくさんの素材を出していく。

実はこの本もそうですが、そうやって考えていくことの他に、私が活用しているのが、担当編集者さんとの打ち合わせです。著名なアーティストがスタッフとのコミュニケーションで、脳の奥底にあるアイディアを引っ張り出してきている、とはすでに書いたことですが、担当編集者さんとの打ち合わせによって、素材が次々に出てくることが少なくないのです。

この本を作るときも、担当編集者さんと2時間ほどの打ち合わせをしました。ああでもない、こうでもない、といろんな話をしました。それを後で聞き返し、今回は音声入力でスマートフォンのメモに落とし、これもまた素材として貯めていったのでした。いろんな場所で考えた素材と、音声入力で入れた担当編集者さんとの打ち合わせから生まれた素材と、それを整理して、アメリカ帰りの飛行機の中で素材を整理していった、というわけです。

そして書くときには、最も効率良く書ける方法を意識しています。それは、できるだけまとまった期日で書く、ということです。私の場合は、本はだいたい4日から5日で一気に書き上げます。

何日にも分けて、少しずつ書いていたら、それまでに書いていた内容を忘れてしまいます。そうすると極めて効率が悪い。それなら、連続して一気に一冊を書いてしまったほうがいい。

本来なら5日連続で書きたいところです。なかなかそうもうまくはいかないのですが、できるだけ連続で書くようにしています。この本の場合は、3日連続で書き、取材などで

3日空いて、次は2日連続の時間を取り、計5日で書くことになりました。担当編集者さんに言ってもらったのは、私の書いた過去の本にはドライブ感がある、ということでした。だから、一気に読める、と。

それは、できるだけ連続して書くという、この仕事スタイルが大きいと思っています。そして、これができるようにスケジューリングを考えています。

多くの場合、本は1冊10万文字から12万文字。5日1冊となれば、1日2万文字程度を書き進めることになります。400字詰め原稿用紙にすれば、50枚。もともと書くのが苦手で嫌いだったことを考えると、びっくりするような枚数です。

そもそも書く仕事を始めたときには、300文字書くのに1日かかっていたわけですから、とんでもない進化です。

でも、素材がちゃんとあれば、それはできるのです。むしろ、素材があり過ぎて、どう削るか、と悩むことも多い。インタビュー記事などのときは、そのほうが多いかもしれません。

そして、一気に書けるよう、素材をしっかり整理します。この整理に2、3日はかける。そこから、一気に本を書いていくのです。

効率を上げられる仕組み化に取り組む

初めて本の仕事のチャンスをもらったとき、長文を書くことにはまだ慣れていませんでした。長くて4000文字、5000文字の原稿。それがいきなり10万文字を書かないといけない。最初は戸惑いました。

今もそうですが、新しいチャンレジをするときには、どうやってその仕事を推し進めていくか、考えます。私は「小分け」「時間割」で仕事をしていきますから、どうやって仕事のプロセスを分解していくか、を発想したのです。

そこでハッと気がついたのは、こういうことでした。10万文字という過去に経験したことのないボリュームで考えるから、大変な仕事だと思えてしまう。でも、本は10万文字がそのまま書かれているわけではない。章に分かれていたり、見出しがあって短い文章に落とし込まれている。つまり、2000文字の文章が50個あればいいだけじゃないか、と。

2000文字の文章なら書き慣れていました。それを50個書けば10万文字です。やらなければいけないのは、２０００文字が書ける50のテーマを決め、それを構成する素材を整理することなのではないか、とわかったのです。

最初の頃はまだ、５日で一気に書く、といったことはできませんでしたが、それでも１週間程度で書いていたのではないかと思います。10万文字を７日に「小分け」して「時間割」にして書いていったのです。

だから、10万文字という大変なボリュームにも、押しつぶされるようなことはありませんでした。大きな仕事も、「小分け」「時間割」に分けてしまえば、きちんと締め切りまでにこなせることがわかったのです。

1冊の本は、２０００字のコラムが50個あればできる

そして同時にこのとき、直面したのが、膨大な量の「素材」をどう整理していくか、でした。10時間分のインタビューは、専門業者にすべてテキスト化してもらっています（驚くべきことに最初の本は、私はノートのメモから作っていたのですが）。

テキスト化されたものを出力して積み上げると、4、5センチの厚さになります。インタビューしたものが、その順番で本になるわけではありません。長いインタビューから50のテーマをピックアップし、それを目次として再構成しますから、インタビューの後半に語ってもらった話が本の頭に出てきたり、逆にインタビューの最初に語ってもらった内容が、本の後半に出てきたりすることもあります。

そんな分厚いインタビューテキストから、その都度、目次に伴って内容を探していく、などというのは、あまりに非効率だと思いました。

そこで考えて思いついたのは、付箋を活用する方法でした。**例えば、青い付箋は本の第1章、ピンクの付箋は本の第2章、緑の付箋は本の第3章といった具合に色を決めておき、分厚いテキストの中から、それぞれの章に入る内容のところに、その色の付箋を貼り付けるようにしていったのです。**

インタビューテキストに貼り付けたフセン。構成を入れ替えて執筆するため、「1章に該当する内容→青フセン」「2章に該当する内容→赤フセン」などと予め決めて、該当箇所にフセンを貼り付けていく。フセンには内容のキーワードをメモしておくと便利。

そして、書く内容は右端に短いキーワードで書いておきます。そうすると、例えば第1章の「高校時代」というキーワードがあるとすると、分厚いテキストの中から青い付箋が貼られており、「高校時代」と右端に書かれたところを見つけて、その内容を素材にして2000文字の文章を書いていけばいい、ということになります。

こんなふうにして、付箋を活用して「素材」を整理し、本を作っていくという方法を思いついたのでした。この仕組みを作ったことによって、効率良く本が書けるようになりました。

月に1冊ずつ本が書けるのは、こんなふうに仕事を仕組み化していったことも大きいと思います。逆にいえば、しっかりした準備ができていなければ、毎月1冊、本を書いていくことは難しいのかもしれません。

この付箋管理法は、本以外でも長い文章を書くときにも活用しています。たくさんの資料を参照しなければいけない場合など、とても効率的に仕事ができます。

効率を落とす書き方をしない

仕事は早く終えられるなら、早く終えたほうがベストだと思っています。しかし、早く終えたいからといって、やるべきことを端折ってしまったら、むしろ逆効果になってしまいます。

本づくりの場合であれば、なんといっても目次づくりと素材の整理です。「小分け」「時間割」を考えるときには、時間をかけるべきもの、必ずしもかけなくてもいいものを冷静に判断していく必要があります。

私は本を書く仕事をしているわけですが、実は「書く」という作業そのものは本づくりの仕事の3割くらいのイメージを持っています（時間はかかりますが）。それよりも大事な7割になるのは、素材に関わることなのです。

それこそ、どんなに書く力があったとしても、素材がなければ書くことはできません。特にブックライティングの場合は、著者のコンテンツですから、それをうまく引き出せていないと本は書けない。

となると、大事になってくるのが、取材なのです。取材することが、文章を書くのと同じくらい、3割くらいの重みを持っていると思っています。

だから、取材の準備をしっかりします。どんな方向性で本を作るのかが定まれば、どんなふうに取材を推し進めるかに知恵を絞ります。ここでも仕組み化です。

多くのケースで取材は2時間を5回。そこで、5回分の取材の内容をきちんと設定し、それを取材の前に著者と共有するのです。この取材内容の設定の時間も「時間割」に必ず入れます。そうすれば、著者は全5回の取材のどこで何をしゃべるのか、をイメージしておくことができます。

こんなふうにして、良い取材ができるところに気を配るのです。なぜなら文章は「素材」からできているからです。取材は、その「素材」を獲得する場です。

そして、「素材」を獲得できたら、それを最も読者にわかりやすく伝えられる構成を考えていく。これこそが、まさに目次です。目次ができたら、付箋によって素材を管理し、書きやすい状態に持っていきます。

私はブックライティングを教える「ブックライター塾」も開いており、すでに卒塾生が130人ほどいますが、講座には多くの塾生が面食らうようです。なぜなら、文章を教えるのは、最後の最後だから。それ以上に前段階に重きが置かれるから。

実のところ、文章よりも、はるかに、前段階のほうが重要なのです。多くのケースで、取材の内容を読み込み、素材を整理して付箋を貼るまで、丸2日、かけています。

文章を書くことよりも、はるかに前段階のほうが重要

本づくりでもうひとつ、心がけているのは、効率を落とす仕事の仕方をしないことです。例えば、本は月に1冊に限る。月1冊と何度も書いていますが、実はたくさんの仕事をお断りしてしまっている実情があります。それは、「書くのは月1冊」と定めているからです。

取材は同時並行で進むことがありますが、何冊もの本を同時並行で書くことはありません。それは、効率が良くないからです。本は一気に集中して書いたほうがいいから。先に書いた内容を忘れてしまうから。同時並行で進めると、混乱してしまうから。

多くのケースで、月の第1週に素材の整理をして目次を作り、第2週から第3週にかけて一気に書き、第3週から月末にかけて、本以外の他の仕事をしながら幾度か推敲して整えていく、というのを毎月のリズムにしています。そうすることで他の仕事もできる。毎月のペースも作っていくことができます。

ちなみにこれはインタビュー原稿などもそうですが、最初からいきなり完成原稿は作りません。これも、効率が良くないからです。まずは一気に書く。これによってドライブ感も作ることができます。細かなところは、あとで調整していけばいいのです。

大事なことは、ゴール時点でしっかりした原稿ができていること。早く手をつけ、ざっくり書いたものを、幾度かの推敲で整えていく。このほうが、私は効率がいいと思っています。

原稿に限らず、会社で提出しなければならない文章も、私は同じだと思っています。**一気に書こうとするから、大変になるのです。「素材」を思い浮かべる時間を作ることもそうですが、早く手をつけてひとまず形を作ってしまう。それを、締め切りまでに微調整していけばいいのです。**

最もやってはいけないのは、締め切り間際になって一気にやろうとしてしまうこと。これは精神的にもしんどいし、クオリティも上げられない。文章についても「小分け」「時間割」で早く手をつけて進めることをお勧めします。

最初からいきなり完成原稿は作らない。

早く手をつけ、時間をかける

メールなんて箇条書きでも構わない

1本のメールに15分もかかる、というエピソードは先にも紹介しましたが、そんなに時間がかかってしまうのであれば、私はいっそのこと、箇条書きでメールを書いてしまったほうがいいのではないか、とすら思っています。

何度も書いてきたように、大事なことは「素材」なのです。文章は単なる情報を伝えるツールであって、文章そのものに意味があるわけではないのです。

メールを送ろうとしている、ということは、何らか情報を伝えたくて送っている、ということだと思います。ならば、いっそのこと、その伝えたい情報を箇条書きにしてしまえばいい。

もしかしたら、長い文章になっているくらいなら、そのほうが相手も理解しやすいかもしれません。もちろん、挨拶文などは必要ですが、それを軽く書いたら、あとは用件だけ箇条書きにすればいい。

箇条書きの利点は、パッと見てすぐに内容が理解できることです。しかも、理解すべき内容の個数がわかる。これは読み手にはありがたいことです。

また、書き手にとっても箇条書きにすることで、「相手に理解してほしいこと」「やってほしいこと」が整理できます。

メールといえば文章、というイメージが強いかもしれませんが、どうして文章にしないといけないのか。積極的に箇条書きを使ったらいいと思います。

メールに時間がかかってしまうのには、大きく3つの理由があると私は思っています。ひとつは「目的」をしっかり定めていないことです。メールを書くときには、必ず何らかの目的があるはずです。

「報告」なのか「依頼」なのか「提案」なのか「謝罪」なのか「共有」なのか「御礼」な

のか……。

こうした目的があるはずなのに、「とにかくメールを書かねば」とばかりにメールを書き始めてしまう。だから、なかなか書き進められない状況が起こる。目的をはっきりと頭に描いておくと、メールは間違いなく書きやすくなります。

時間がかかってしまう2つ目の理由は「誰に送るのか」というターゲットイメージがはっきりできていないことです。これは私が本や記事を書くときも同じですが、広く世の中全般に、などというイメージで文章を書こうとすると、とても困ってしまうことになるのです。

というのも、小学生の男の子と、70代の女性では、同じ内容を伝えるにも、同じでは済まないからです。それこそ、客席が真っ暗闇になっているホールで、ステージ上から誰が座っているのかわからない中で、講演をしなければいけないようなものです。

ところが、目の前に誰が座っているかがわかれば、何を書かないといけないのかがはっきりします。だから、メールを書くときにも、誰に向けているのか、をはっきりさせる。特に今はメール共有で相手がぼんやりしがちですから、注意が必要です。

そして3つ目が、「型」を作っていないことです。フォーマット、と言ってもいいかもしれません。これをひとつ作っておくだけで、多くの目的に応用させることができます。

例えば、一度でもお会いしたことがある人とのやりとりに関しては、私はいつもシンプルなフォーマットを頭に浮かべています。

宛名、挨拶、御礼、用件、補足、締め、署名という流れです。多くのケースで、メールはこれで十分だと思っています。一度、お会いしているわけですから、お互い内容が理解できさえすればいい。

余計なことを書く必要はありません。ましてやうまい文章などというものは、メールを読む相手はまったく求めていません（自分もそうだと思います。うまい文章より、わかりやすい文章をメールには期待しているはずです）。書いている側が気にしているほど、読む相手はメールの文章など気にしていないのです。

それよりも、社名や名前間違い、誤字脱字、変換ミスなどに注意したほうがいい。そのほうが、ミスした場合は、よほど印象は致命的です。

企画書は200字ほどの「企画のねらい」があればいい

時間がかかる、苦手意識がある、といえば、メール以上に文章に悩む人が多いのが、企画書かもしれません。どう書いたらいいのかわからない、何をかいたらいいのかわからない、書くのに大変な時間がかかってしまう、というのは、よく耳にするところです。

企画書については『企画書は10分で書きなさい』という著書が私にはあるのですが、どうにも悩んでしまう人が多い、と耳にしたからでした。

企画書は、会社によっても業界によっても、多岐にわたるフォーマット、いろんなスタイルがあります。ただ、ひとつぜひ認識しておいてほしいのが、「企画書の体裁に、正解はない」ということです。

実際、企画書で大切なのは、企画の内容が相手に伝わることです。その意味で、肩肘を張る必要などない。それこそ、どんな体裁でも構わない。企画の内容さえ、きちんと伝わればいいのです。

私は会社員時代、広告を作っていましたし、今も企画書を作ることがありますが、企画書について難しくは考えません。**タイトルがあって、２００文字程度の「企画のねらい」という文章があって、もし必要であれば、内容案を箇条書きで書いていきます。これで十分だと思います。**

企画書が書けない、というのは、そもそも企画とは何か、というところに立ち戻るといいと思います。私が考えるのは

「何かの課題を解決できる」
「困っている人（会社・業界など）の役に立つ」
「まだ知られていないことを世に知らしめる」

ことだと思うのです。したがって企画書というのは、こういうものになればいいのだと思っています。

こんな課題がある
↓

それに対して、こんな提案をしたい
↓
そうすれば、こんな利益が待っている

まずは課題を書き、それを解決するアイディアを書き、期待できる効果を書けばいい、ということ。これを「企画のねらい」としてまとめるのです。

企画が成立するのは、誰かが困っていて、それが解決できること、なのです。シンプルな論法でいいのです。

そしてこのとき、企画を良く見せようと「盛った」表現をすることは、むしろ受け手にとってはマイナスに映りかねないと私は思っています。

企画書でも大事なことは、「素材」＝事実、数字、エピソードなのです。それを並び変えるだけで、説得力のある企画書を作るべきなのです。ここで、気の利いた言葉や表現をひねり出そうとするから、企画書を書くのが苦しくなっていくのです。

もとより課題の解決ですから、その企画を生んだ背景となる事実、数字、エピソードに目を向ける。それがあるからこそ、その企画は生まれているはずだからです。

そのためにも、企画を生み出した背景について、企画会議も含めて、しっかりメモを取っていくことが大切になります。それはそのまま、企画書の「素材」にできます。企画書においても、重要なのはメモであり、そしてロジックなのです。

課題と解決を意識して、「企画のねらい」を書いてみる。小難しいこと、盛った表現、特別なフレーズなどはまったく必要ないのです。

企画が成立するのは、誰かが困っていて、それが解決できること

「素材」の整理は、手間なし、面倒なし、で

文章は素材でできている、と何度も書いてきましたが、ということで私の仕事場は素材で溢れています。メモをしたノート、著者に関する資料、専門業者さんにテキストにしてもらった取材スクリプト、書籍などなど。

私は書籍だけではなく、雑誌やウェブサイトのインタビューの仕事もしていますから、そのノートや資料もたくさんあります。

それが日々、積み重なっていきますから、放っておけば、あっという間に机の上は大パニックになります。しかし、こうなると仕事効率は一気に落ちます。

以前、取材で聞いた話ですが、人は探し物をするのに一生で一年分くらいの時間を使うのだそうです。一年分です。恐ろしいことです。そのくらい、探し物というのは時間を奪われるということです。

となれば、重要になるのは、いかに探し物を防ぎ、情報を整理していくか、です。あれはどこに行っちゃったのか、が起きないよう管理していくことです。

1案件は1冊のA4ノートにまとめる。関連資料はクリアファイルに入れ、ノートにはさんでおく。案件ごとにA4ノートを積み上げていくと、自動的に古い案件は下にいくので手間暇かからず便利。

かといって、整理や管理にあまりに時間を取られたり、手間のかかる方法を取ってしまうと、これまた本末転倒になります。

フリーランスになって25年で、いろんな方法を試してきたのですが、この10年ほどずっと続けているのは、極めてシンプルな方法です。ひとつの案件を、1冊のノートにはさんでしまうのです。

私はノートは大判のA4サイズのものを使っています。メモを取るときに、何度もページをめくらずに済むから。そしてもうひとつが、書類を積み上げたときにA4サイズなら、バランスを崩して倒れてしまわないからです。

書類をボックスに入れて管理をしていた時

期もありましたが、ボックスが増えていくと、何がなんだかわからなくなりました。しかも、案件はどんどん増えていきますから、ボックスもどんどん増えていく。

そこで、**案件ごとにクリアファイルに入れた書類をノートにはさんで積み上げていくことで、管理することにしたのです。そうすれば、上のほうに来るのが必然的に新しい案件になります。**古い案件は使わなくなりますから、自動的に下のほうにいくことになる。ずっと下のほうに置いてある、もう終わってしまった案件のファイルは処分していきます。ちょうどA4の書類が3列入るガラスの棚をデスクのすぐ後ろに置いており、そこに書類を積み上げていくことにしています。

3列のうち、左端が書籍関連、真ん中がインタビューの仕事、右端がその他、という管理方法です。

A4の大判ノートに書類をはさんで

積み上げていく。これだけ

かつてはクリアファイルにノートも資料も入れていたのですが、クリアファイルだと書類を入れる量に限界があります。ファイルの数を増やしてしまうと、「あれ、一部がないぞ」などということにもなりかねない。

そこで、取材ノートにファイルをはさんで管理してしまうことにしたのです。Ａ４ノートですから、かなりの量の資料がはさめます。しかも、クリアファイルを積み上げておくとツルツルとすべって崩れてしまうのですが、紙のノートであれば、それもない。

管理の方法も、ノートにはさむだけですから簡単。そしてノートに、案件の名前を書いておきます。こんなふうにして、たくさん進行している案件の「素材」を、手間なく、面倒なく、管理しています。そして、棚が一杯になりそうになると、古いものを捨てていきます。

探し物をしないための情報管理も極めて大切。その最適な方法を考えていくのは、これもまた、時間をかける価値があると思います。

第6章
「時間を自由に使える働き方」フリーランス

まさか自分がフリーランスになるとは

時間術、働き方という2つのキーワードが出てくると、その延長線上で「フリーランス」という言葉が思い浮かぶ、という方もおられるかもしれません。

決まった時間に出社しなければいけない、などということがない。通勤もない。朝礼もなければ、定例会議もない。何時に仕事を終えてもいい。平日に休んでもいいし、昼間からオフにしてしまってもいい。それこそ連続休みだって、自由に設定できる……。

私がフリーランスになったのは、28歳のときでした。以来、25年になります。改めて思うのは、なんというありがたい仕事人生だったのか、ということです。

自分のペースで仕事ができる。誰かに仕事を命じられるわけでもない。自分で仕事を決めていくことができる。

最もパフォーマンスが出せるよう、自分で時間をコントロールできる。私は朝が苦手で睡眠時間がたくさんほしいタイプ。午前中、必須の用事もないのに会社に行かなければいけない、なんてことがなくなったのは、どれほどコンディションづくりにありがたかったか。

好きな時間に働けて、好きなときに休める。働く時間は自分で決めることができる。働きたければ働けばいい。休みたければ、自分で予定を組んで休めばいい。娘がまだ学校に入る前は、平日に休んでよく国内外へ旅行に行っていました。

また、私は父親を亡くしていますが、亡くなる4カ月前に故郷の兵庫県の実家に仕事場を移し、約半年間、実家で仕事をしていました。おかげで、入院していた父の世話をすることもでき、母のフォローもすることができたのでした。

そして、それなりの収入が得られます。フリーになったとき、同年代の会社員の2倍は稼げるように頑張ろう、と思いました。しかし、2倍どころか3倍、4倍の収入を得ている自分がいました。これは自分でも本当に驚きでした。

フリーランスとは、なんというありがたい

仕事人生だったのか

ただ、こんなフリーランスの仕事も、私自身はなろうと思ってなったわけではありません。むしろ、フリーランスという働き方へのイメージは、私にとってネガティブなものでした。

収入が不安定なんじゃないか。本当に食べていけるのか。稼げなくて、ふうふう言わないといけないんじゃないか。仕事に追われて連日、徹夜したり、土曜日曜も仕事をしなければいけないようになるんじゃないか。社会的信用がないんじゃないか……。

フリーランスという働き方の現実を、私はまったく知らなかったからです。というのも、もともとフリーランスにまったく興味がなかったから。イメージも良くなかったし、会社員として仕事をすること以外の選択肢は、まったく浮かんでいなかったからです。

ところが、リクルートグループから転職をしたベンチャー企業が倒産。私は28歳で職を失ってしまったのでした。転職する道もなかったわけではありませんでしたが、2度目の転職失敗は私にとって大きなダメージでした。次に向かう気力が失せてしまっていました。

やがて手元のお金も底をつき、もうどうにもならなくなったとき、前職で関わった人から心配の電話がかかってきたのです。幸いにも前職のコピーライターの仕事は、そのままフリーランスになってもできる仕事でした。

しかもリクルートでは、そんなふうにフリーランスになって仕事をする人がたくさんいました。結果的に、なろうと思ったわけでもないのに、私はフリーランスになってしまったのです。

そしてフリーになって、驚いたのでした。なんだ、こんなに素晴らしい働き方だったのか、と。もちろん、自分が頑張らないと仕事を失い、食べていけないというリスクもあります。その不安が、常につきまとうのはフリーランスです。

しかし、逆にいえば、すべては自分の責任。これが、私にとってなんとも心地良いことでした。何かの不満を、会社のせいにしたり、上司のせいにしたりすることはできない。これはむしろ、私にとっては精神衛生上、とてもラクチンなことでした。

私には、とても合った働き方だったのです。

自分のためでなく、誰かのために頑張る

お恥ずかしい話ですが、私の20代は散々なものでした。運良く故郷からは滅多に入学できないような大学に入ってしまったことも、私を大いに勘違いさせました。自分には何か力があるんじゃないか。こんなもんじゃないんじゃないか、と自分を過大評価してしまったのです。

大学を卒業したら、故郷に帰るという両親との約束も、反故にしてしまいました。もう数年、東京にいさせてほしいとお願いしました。東京での学生生活はあまりに楽しく、しかも目の前にはとんでもない可能性が開けていると思っていたのです。

そんな勘違いした気持ちのままで迎えた就職活動で、私はまず大きな挫折をします。興味を持っていた大手広告代理店にも、テレビ局にも入ることができなかった。

しかし、数年で故郷に帰らないといけない約束です。早く何か結果を出さなければいけない、と焦る気持ちがどんどん大きくなっていきました。それが、アパレルメーカーからの2年目での転職につながりました。

しかし、転職して念願だったコピーライターになっても、なかなか実績は出せませんでした。そして、思うような結果を残せないまま、親にも大きな不安を抱かせたまま、私は2度目の転職に失敗。会社が倒産し、失業してしまったのです。

今、振り返ってみると、どうして当時の私がうまくいかなかったのか、とてもよくわかります。理由はとてもシンプルです。私は、自分のことしか考えていなかったからです。就職活動のときも、新卒を採用したい企業がどんなことを求めているのか、という相手視点にはまったく立てなかった。ただ、なんとなく自分にはポテンシャルがあるはずだ、という勝手な思い込みしか、私にはありませんでした。

コピーライターになってから、うまくいかなかった理由も今はわかります。実績を残そうと、クリエイターとしての評価を得よう、賞を取ろうと、私は自分のために広告コピーを書いていたのです。もちろんクライアントのために広告効果という結果を残す必要はありました。でも、私は自分の結果を第一に考えていました。

おそらく評価する側も、そんなことはすぐに気づいたと思います。うまい文章を書こうとする人の文章は、「あ、この人はうまく見せようとしているな」ということがわかってしまうように、賞を狙おうとしているような広告コピーはすぐに見抜かれていたのだと思います。

エゴの塊のような仕事をしていては、大きな結果は残せないのです。

私が幸運だったのは、失業という悲惨な形で何もかも失ったことです。職のみならず、地位も名誉も、手持ちのお金もなくなった。こうなると、もうプライドやらエゴやら言ってはいられないのです。

しかも、こんな状態でフリーになった私に、仕事を出してくれる人たちがいました。毎月、月末に給料が振り込まれることがいかにありがたいことか、お金を手にすることがいかに大変なことか、失業し学んでいました。そんな中で、稼がせてもらえることが、いかにありがたいことだったか。

ここで私にとって、人生最大の転機がやってきます。端的に言えば、自分のために働くのをやめたのです。仕事を出してくれた人のために頑張る。クライアントのために、読者のために一生懸命になる。自分のプライドやエゴはすべて捨てて、誰かのために仕事をしよう、と。

ここから、私の人生は一変することになります。多くの人が、私にチャンスをくれました。次々に、同僚や知り合いを紹介してくれるようになりました。こんな仕事もあるからやってみないか、と新しい仕事を提案してくれました。そして、会社員時代にあれほど欲しかった賞まで、もらえたりもしました。

私が心がけたのは、誰かのために働こう、というだけでした。そのために、目の前の仕事を一生懸命やる。目標も何も持ちませんでした。こうしたい、もなかった。そうしたら、広告の仕事から雑誌の仕事へ、さらには書籍の仕事へ、そして本の著者へ、講演やセミナーへ、塾の開催へと、勝手に流れ流れていってしまったのです。

私はこんなふうに本を書こうなんて、夢にも思っていませんでした。人生の不思議を、改めて思います。そしてそのきっかけは、自分のために働くことをやめたこと。誰かのために、目の前のことに懸命になること、だったのです。

人生最大の転機で、人生は

一変してしまった

仕事の本質を理解すれば、醍醐味が変わる

フリーランスで仕事を始めたとき、私はキャリアとしては後戻りしている自分がいました。一度はあきらめたコピーライター。それを再び、食べるために始めることになったのです。もっといえば、仕事を出してくれた人のためにやることになった。

ところが、会社員時代の何倍もの仕事をしていくことになります。それは、収入のためだけではない、ということに気づいていきました。その過程で、仕事の本質が見えていったのです。

私は広告コピーに興味を持ち、コピーライターという職業に興味を持って、この仕事を

始めたのですが、まったく違うところで、楽しんでいた自分がいたことに気づいたのです。それは商品の広告ではなく、求人の広告だったことが幸いしていたのだと思います。

端的にいえば、膨大な量の何か、例えば情報を、何かの形でわかりやすくアウトプットしていく、ということです。私はよくカオスと表現しているのですが、カオス状態のものを整理して、きれいにして表に出す、誰かに伝えていく、ということが、私はどうやらとても好きだったようなのです。

求人広告を作るとき、それぞれの会社には本当にたくさんの情報があります。しかし、ターゲットとなる読者は、そのすべての情報に目を通してくれるわけではありません。そこで、どうすれば読んでもらえるかを計算し設計し、最も広告効果が出るように整理していく必要が出てきます。このプロセスこそ、私が好きなことでした。だから、仕事がどんどん面白くなっていったのです。

会社員時代は、表現としての広告コピーにこだわり過ぎていたのか、この魅力には気づけませんでした。ところが、表現というエゴから離れることができて、私ははっきりと気づくことができたのでした。

振り返れば学生時代のアルバイトも、同じような醍醐味を感じていた瞬間がありました。私は某政府系金融機関の福利厚生施設でバーとラウンジを管轄するウェイター、バーテンダーのアルバイトをしていたのですが、１００席ほどが埋まって注文が殺到する週末こそ、大いに燃えて、楽しんで仕事をしていたのでした。

膨大な量のカオス的な注文を、いかにきれいにうまく効率的にさばいていくか。これが楽しくてしょうがなかった。どうしてあれほど、週末の忙しいときにこそ仕事が楽しくなっていったのか、ようやく私は理解したのでした。

仕事というのは、実は表に見えているものはほんの一部なのだと改めて思いました。その仕事の本質、自分に合っている本質というのは、意外なところに潜んでいたりするのです。

そして今は本を作るブックライターをしているわけですが、これぞまさに膨大なカオス的な情報と日々、戦う仕事なのです。書くことが好き嫌い以前に、そのプロセスこそが私にとっては楽しいのです。

その意味で、自分で目指したわけではないのに、この仕事に辿り着いてしまった幸運を思います。もっといえば、自分で「こうしたい」ということを一切、考えなかったからこそ、自分が最も得意な領域へと、自然に流れ着いてしまったのかもしれません。

どうして月1冊、本が書けるのか。どうしてそんな大変な思いをしてまで、仕事をするのか。そんなふうに問われて困ってしまうのは、実は私は嫌いなことを無理矢理にやっているわけではないからです。

むしろ、膨大なカオス的状態から、適切に情報を整理していく仕事、こんな面白い話、こんな役に立つ話がありますよ、と読者に教えてあげられる仕事は、私にとって楽しくてしょうがないのです。だから、まったく苦にならないのです。

みなさんもぜひ、仕事の本質は何か、自分が醍醐味を感じるのはどういう本質的な部分なのか、というところに意識を向けていかれたら、と思います。それは間違いなく、仕事に対する大きな充実を生んでいくと思います。

カオス状態のものを

整理して、きれいにして
表に出す、
誰かに伝えていく
ことが楽しい

本当の喜びとは、人の役に立て、喜んでもらえること

仕事の本質といえば、もうひとつ、フリーランスになってはっきり見えていったことがあります。私は失業からのフリーランスでした。失業しているとき、何が悲しかったのかというと、自分は誰からも必要とされていないのではないか、という思いでした。

どこかの組織に所属していれば、何らかの役割があります。ところが、仕事を失ってしまったとき、所属する組織がなくなってしまった。それこそ、私は一人暮らしでしたから、話し相手もいない、何もすることがない状態になってしまったのです。

そのとき、真っ先に浮かんだのは、誰からも必要とされていない、ということがいかに恐怖か、でした。だからこそ、仕事を出してくれた人のために頑張ろうと思ったわけです。私を必要としてくれているのです。それだけでも、すでに十分にうれしかったのです。

そんな思いを持ち、必要とされたのであれば、できることはやっていこう、という思い

から、私の仕事はどんどん広がりを見せていくことになります。文章を書くこと以上に、もしかするとしゃべる力を評価されたのか、やがて難易度の高いインタビューに駆り出されるようになりました。その先に待っていたのが、著名人や成功者へのインタビューの仕事でした。

これは個人的にも興味が大きかった。それは、私自身が20代で悲惨な状況を経験していたからです。成功者の人たちはどうしてうまくいったのか、私といったい何が違ったのか、とても強い関心がありました。それこそ取材であることを忘れて、話を聞いていたこともありました。

この過程で見えてきたものもまた、極めて本質的なことでした。それは、仕事の本当の醍醐味は何か、ということです。

ヒントになったのは、人生を何度でも送れてしまうのではないか、と思えるほどの巨額の資産を手にしている人たちが、実は誰よりも懸命に仕事をしたりしていた、という事実でした。

もうこれ以上、お金を得るインセンティブもないし、もっと有名になるとか、社会的な評価を受けたいとかいう思いがあるとはとても思えなかった。にもかかわらず、誰よりも懸命に仕事をしているわけです。

それはなぜなのか。仕事の最大の醍醐味がそこにあるからです。それは、人に喜んでもらえる、ということです。誰かに喜んでもらえることこそ、実は人生で最大の喜びだということです。

断言していた人もいました。お金を手に入れてフロリダで遊んで暮らしていても、人生の醍醐味なんて得られるわけがない。そんなことよりも、より多くの人の役に立ちたいのだ。それこそが、人生を最も輝かせてくれるからだ、と。

誰かに必要とされ、誰かの役に立ち、誰かに喜んでもらえること。これこそが、実は最高の喜びなのではないか。私は確信するに至ったのでした。この気づきもまた、私の仕事に向かう大きなインセンティブになりました。

巨額の資産を持つ起業家たちが、

なぜ今も仕事をし続けるのか

同時に、私の中で見えていったことがあります。それは、いわゆる社会的な成功と幸福には、相関関係はないのではないか、ということでした。

おそらく給料も少なく、社会的にも高い地位を持っているわけでもない、誰もが憧れるような職業についているわけでもないのに、とても楽しそうに仕事をし、幸せそうに過ごしている人がいます。実際に、そういう人たちに取材したことが何度もあるのです。

一方で、学歴もあり、大きな会社や有名な会社にいたりして、社会的な地位もあるのに、ちっとも仕事が楽しそうじゃないし、幸せそうじゃない人たちもいる。

この違いは、「喜んでもらえる喜び」を知っているかどうか、なのだと思いました。社会的な成功がすなわち、必ずしも喜びを生むわけではない、ということです。

ところが、多くの人が社会的な成功を目指します。その気持ちは私にもわかります。しかし、それが幸せをもたらすかどうかは別問題です。それよりも、幸せの本質にこそ、気づいておいたほうがいい。それは、誰かに必要とされ、喜んでもらえること、に他なりません。

人は成功するために生きているのではないのかもしれない。幸せになるために生きたほうがいい、と私は改めて思うようになりました。

しかし、どんな仕事も、実は誰かに必要とされているからあるのです。喜んでくれる人がいるはずなのです。そこに目を向けることができるかどうか、です。

そしてなぜ、人は成長しなければいけないか。成長し続けなければいけないか。その理由もここにあります。成長することができれば、より大きな喜びを提供できるからです。

それはすなわち、自分の喜びをも大きくしていくのです。

人はなぜ、成長し続けなければいけないのか

成長すれば、より大きな喜びが与えられるから

定年もない、飽きることもない仕事

社会的な成功を手に入れることは、私はまったく否定しません。もちろん、成功しないよりは、成功したほうがいいに決まっています。しかし、もしその社会的な成功が、自分自身の幸せにちゃんと結びついていない、ということであれば、それはよく考えなければ

いけない。

もしかすると、社会的な成功が、本当の幸せを手に入れるための足枷になったりはしていないか。本当はもっといろんな可能性があるのに、それを縛ってしまったりはしていないか。組織やブランドを失う怖さが、先に立ってしまってはいないか。

実際のところ、私自身の20代がまさにそうだったのだと思っています。社会的な成功を求めて就職をしようとしたし、仕事をしようとしていました。私自身が、社会的な成功と幸せは直結していると思っていました。社会的な成功がなければ、幸せは手に入らないと思っていたのです。

だから、フリーランスという選択肢も浮かばなかった。ある意味、安定感もなければ、信用感もないフリーランスという働き方は、特に当時は社会的な成功とは反対側にあると言っても過言ではなかったと思います。だから、フリーランスが幸せな働き方のそばにある、などとは思えなかったのです。

ところが、私の場合は、そこに入っていかざるを得なかった。入りたくて入ったのではなくて、入るしかなかった。しかし、幸いにも多くの人に取材することもできたおかげで、「そうだったのか」ということが見えたのだと思っています。

もちろん中には、社会的な成功という尺度で、人を評価する人がいるのも事実です。大きな会社に取材に行って、会社名のつかないフリーランスの名刺を差し出したときに、明らかに侮蔑の表情を浮かべる人もいました。

一方で面白いのは、成功している人たちや、大きな会社でも社長になったりすると、絶対にそういう目線を感じることはなかったことです。むしろ、興味を持って話を聞かれることが多かった。なるほど、やはり上に上がっていく人は違うんだな、と思ったりしました。

ちょうど同じ時期に、大銀行を辞めてＩＴ起業家になった人に取材をしたときの話を今も覚えています。彼は辞めたいと会社に言うと、上司や同僚からこう言われたのだそうです。

「銀行を辞めたら、地獄に堕ちるぞ」

そう言われながらも、彼は銀行を辞め、起業家になって大成功することになります。地獄に堕ちる、という話はまったくのウソでした。もちろん、彼だったからそうだったのかもしれません。

しかし、いくら組織名やブランドがあったとしても、それが永遠に続くわけではありません。それこそ多くの人に、いずれは定年の日がやってくる。それは、強制的に組織名やブランドと離れなければいけないことを意味します。その前に、役職定年がやってきたりもします。

このことに気づいているから、だと思いますが、最近では早いタイミングで組織やブランドを離れていく、という人も増えてきています。

もう一花、新しいところで咲かせたい。定年のない働き方をしたい。ずっと自分のやりたい仕事をやっていきたい……。

動機はいろいろあるようですが、それもひとつの選択肢だと思います。そしてこのときに、フリーランスというのも、ひとつの選択肢になりうることにぜひ気づいておいてもらえたら、と私は思っています。

私が失業したことをきっかけに、あっさりフリーランスになれてしまい、「こんなものなのか」と思ったように、**多くの人が想像しているほど、フリーランスという働き方は会社員の遠くにあるわけではないと私は思っています。**

多くの人が、フリーランスという形で外に出ることができる。そしてそれを、会社にいながらにして、模索していくことができると思うのです。

それこそ今は副業ができる会社も増えてきています。副業を通じてフリーランスになる方法を探っていくというのも、ひとつの方法だと思います。

このとき、何でフリーランスになるかを考えなければいけないわけですが、ここでぜひ考えてみてほしいのが、先に書いた仕事の本質です。私の場合は、カオスの整理だったわけですが、いろんな仕事に、表からは見えない、その本質があるはずです。自分自身にぴったりの仕事の本質が潜んでいるはずです。そこを、見抜こうとしてみることです。

そうすることで、一生、飽きることのない仕事で、定年もなく充実感を持って過ごしていくことが可能になると思うのです。

多くの人が想像しているほど、フリーランスという働き方は

会社員の遠くにあるわけではない

自分で納得のいく時間づかいができるか

時間の使い方こそが人生、とは先にも書いたことですが、日々の積み重ねが人生になるとすれば、まさに日々どう過ごしていくかが、人生になるはずです。充実した人生になるのか、あるいは、もったいない人生、納得のいかない人生になるのかは、時間の使い方ひとつで大きく変わっていくということです。

このとき、主体的に自分で時間をコントロールできるかできないか、ということが、納得する時間づかいにできるかどうかを大きく左右することになると私は思っています。何より、自分で決められるか、です。

もちろん、フリーランスの私とて、すべての時間を自分でコントロールできるわけではありません。しかし、主体的に、自分で納得してスケジュールを作っていく、ということはできる。だから、私は自分の納得のいく時間づかいができていると認識しています。

いつも楽しそうに見える、晴れやかに見える、とよく言われますが、それは主体的に生きているから、なのかもしれません。では、どうして主体的になれるのか、といえば、こんな人生を過ごしたい、という私のイメージがあるからです。

ゴールがあるから、どうしなければいけないのか、ということがわかります。それをどう実現させていくか、ということに頭をめぐらせることになります。何が足りないのかも理解するし、それをカバーするための方法も考える。しかし、ゴールが漠然としたままでは、それは難しい。

面白い話があります。アメリカ発で新しいタクシーのビジネスモデルが生まれました。フリーランサーがドライバーとして登録し、ＩＴを駆使したシステムで乗客を乗せて収益を得る。

このとき、ドライバーは乗客と一言も会話を交わす必要がありません。行き先もルートも、すべてＩＴがコントロールしてくれるからです。言ってみれば、ＩＴにすべて指図される。こんな仕事をしてくれる人がいるのか、と当初は懸念もあったと言いますが、蓋を開けてみるとドライバー志望者が殺到しました。

コンピュータに指図され、乗客と一言も会話を交わさない仕事を、自ら選びたい人がたくさんいたということです。そして実際に、ドライバーの仕事の満足度は極めて高いそうです。

しかし、ここでＩＴに指図されるような仕事をしたくない、という人が強制的にドライバーをさせられていたら、満足度はこうはならなかったでしょう。つまりは、人にはそれぞれ求めるものがあるということ。ゴールは人それぞれ、なのです。

そしてこのドライバーたちは、自分のゴールをよく理解していた。だから、満足度の高い仕事に就き、満足のいく日々を過ごせているのです。

時間をうまく使う、というとき、ついつい目が行ってしまうのは、人のことだったり、周囲のことだったりします。あの人の過ごし方はいいな、だったり、周囲からこんなふうに見えるとイヤだな、だったり。実はもうこの時点で、まったく主体的ではなくなってい

る、というところに注意が必要です。

要するに、自分は本当はどうしたいのか、なのです。それをこそ、はっきりさせないといけないということです。どんな時間の使い方がしたいのか。どんな毎日を送りたいのか。それはすなわち、どんな人生を送りたいのか、ということに他なりません。このゴールがぼんやりしているのに、行きたいところに行けるはずがないのです。

逆にいえば、時間術で最も難しいのは、このゴール設定なのかもしれません。このゴール設定さえできれば、あとはそのための時間術ができてしまえるからです。いくら誰かの時間術のテクニックを真似たとしても、それは意味のあることだとは思えない。ゴールが違う可能性があるのですから。

みなさんは、ゴール設定ができていますか。

その問いかけをして、本書を終えたいと思います。もし、できていないなら、そこから考えてみることです。

これこそが、みなさんオリジナルの時間術のスタートです。

要するに、自分は
本当はどうしたいのか

おわりに

当たり前のように明日があると思うな、とは冒頭に記したことですが、講演などでも、よくご紹介してきた話でした。お聞きいただいた方からは、やはりとてもインパクトのあった話だと、お褒めいただくこともありました。

しかし、そうやって人前でご紹介させていただいた私自身、本当の意味でそのことが理解できていなかったのではないか、と改めて痛感させられる出来事が起こったのは、２０１８年11月のことです。

私は突然、心臓発作に見舞われたのです。もともと疾患を抱えていたわけではありません。それどころか、血液検査でも、血圧の検査でも一度も引っかかったことがなかった。過去に心臓をめぐって、何かトラブルがあったわけでもない。そんな私が、本当に何の前触れもなく、心臓発作を起こしたのです。

しかも、意外にも発作は朝、起き抜けにやってきました。激しい運動をした後とか、疲れているときとか、そういうときにやってくるのかと思いきや、なんとゆっくり休んだ翌日の、月曜日の朝、やってきたのです。

さらに驚いたのは、胸が苦しくなったわけではないことでした。起きたのは、喉のあたりの異変。あれ、何だかおかしいな、という感じから始まって、トイレに行ったり、水を飲みに行ったりしていたのですが、10分もすると四つん這いでないと身動きが取れないほどに苦しくなりました。

幸いにも妻が在宅しており、救急車を呼んでくれました。病院に担ぎ込まれ、すぐにカテーテルを受けて出た診断は、攣収縮性狭心症。冠状動脈の1本が軽い痙攣を起こし、心臓にダメージを与えたのです。何より早く救急車を呼んだことが幸いした、と医者には言われました。おかげで心筋梗塞などの大事には至らず、私は4日ほどの入院で復帰することができたのでした。

ただ、ショックは大きかった。もともと健康に自信があったこともあり、入院中は担当医の先生を質問攻めにしていました。そもそも要因は何だったのか。事前に人間ドッグで調べていたらわかったのか。何か対処する方法はあったのか……。

先生の答えは、「ノー」でした。要するに、事前の察知は何をやっても不可能だった、と。いろいろな偶然が身体の中で重なり、突然、発作は起きたのです。そしてこれは、誰にとっても同じだそうです。自分には心臓発作なんて、ありえないと思っていた人に、ある日突然、発作はやってくるのです。

なのに、ありえないと思っていると、命を落としかねない。実際、心臓が原因の突然死で多くの人が亡くなっているのです。そして驚くべきことに、その後に読んだ浅田次郎さんの短編「マダムの喉仏」に心臓発作の記述が出てきたのでした。多くの人が、初回の発作で命を落とす、とそこには記されていました。発作の危険を甘く見てしまうからです。このときも、作家の恐るべきメッセージだと私は捉えました。

ちなみに、胸が痛くなる人もいますが、私のように喉の人、あるいは胃の人、歯の人、肩の異変という人もいるそうです。また、朝の起き抜けの時間は、意外にも心臓発作の魔の時間と言われていることも知りました。起床と同時に身体が一斉に動き始めるわけですから、心臓に大きな負担がかかるのは当然です。

もしかしたら、あの一度の発作でこの世を去っていたかもしれない。明日はまったく保証されていないということを、私は肌で実感することになったのでした。時間は本当に大事。余計なことをしている時間などない、ということも改めて痛感することになりました。

もちろん、こんなことは起きて欲しくないですが、誰にでも起き得ます。それこそ、20

代の患者もいると聞きました。改めて、やっぱり明日は保証されないのです、誰にとっても。だからこそ、時間を大事にしなければならないのです。

最近では、講演があると必ず、この話をしています。誰にでも起こり得るという危険を、多くの人に知ってもらえたら、と思っています。

最後になりましたが、本書の企画をご提案くださった方丈社の清水浩史さんに貴重な機会をいただけたこと、感謝申し上げます。

時間の使い方に悩む人に、もっとうまく時間を使いたいと思われている方に、もっと人生を充実させたい人に。本書が少しでもお役に立つことができたなら、幸いです。

2019年4月　上阪徹

上阪徹　うえさか とおる

ブックライター。

1966年、兵庫県生まれ。早稲田大学商学部卒。

ワールド、リクルート・グループなどを経て、
94年よりフリーランスとして独立。

幅広く執筆やインタビューを手がける。

超多忙の中、毎月1冊の書籍を締め切り厳守で書き上げる、時間術のプロ。

著書に『企画書は10分で書きなさい』(方丈社)、

『これなら書ける！ 大人の文章講座』(筑摩書房)、

『10倍速く書ける 超スピード文章術』(ダイヤモンド社)、

『JALの心づかい』(河出書房新社)、『職業、ブックライター。』(講談社)など多数。

インタビュー集に40万部を突破した『プロ論。』シリーズなど。

ブックライターとしても、80冊以上を執筆。

携わった書籍の累計売上は200万部を超える。

2011年より宣伝会議「編集・ライター養成講座」講師。

2013年、ブックライター塾開講。

公式ホームページ　http://www.uesakatoru.com

大人の時間割を使えば、仕事が3倍速くなる！

プロの時間術

2019年6月11日　第1版第1刷発行

著　　者　上阪徹
デザイン　杉山健太郎
D T P　山口良二
発 行 人　宮下研一
発 行 所　株式会社方丈社
〒101-0051
東京都千代田区神田神保町1-32　星野ビル2F
Tel.03-3518-2272 / Fax.03-3518-2273
http://www.hojosha.co.jp/
印 刷 所　中央精版印刷株式会社

ISBN978-4-908925-47-4